KB110431

밥 딜런

그의 나라에는 누가 사는가

차례
Contents

일러두기 · 이 책에서 앨범명은 ≪ ≫로 표기하였습니다.

장르 너머의 장르, 딜런의 세계

2016년 밥 딜런(Bob Dylan)이 노벨문학상을 받았을 때 그의 작품들이 과연 '문학상'에 적절한 대상인지 논란이 일었다. 그를 옹호하는 자들은 시의 기원이 음악이며 오히려 현대시가 시의 '심장'인 음악성을 상실해왔음을 지적했다. 반대자들은 음악과 문학의 범주를 분명하게 구분하면서 딜런의 '문학'이 과연 노벨상에 버금가는 성취인지 의문을 제기했다. 스웨덴 아카데미는 딜런에게 노벨문학상을 수여하는 이유를 그가 "위대한 미국 음악의 전통 안에 새로운 시적 표현들을 창조해왔기 때문"이라고 설명했다. 사실 딜런의 '음악'과 '시적 표현들'은 분리불가능하다. 그것은 마치 밀가루

반죽(도우)으로부터 그 안에 뒤섞인 물과 우유와 밀가루와 설탕을 따로 분리해낼 수 없는 것과 같은 이치이다. 스웨덴 아카데미가 밝힌 노벨상 수여 이유는 이 분리불가능성을 교묘하고도 정확하게 표현하고 있다. 딜런의 작품들은 장르를 떠나 혹은 장르를 넘어서 하나의 '세계'이며, 그 세계에는 음악과 문학과 철학과 사상이 뒤범벅되어 있다. 단지 그의 노래 가사만을 따로 떼어놓고 그것을 딜런의 '문학'이라고 부른다 해도, 내가 볼 때 그것은 결코 노벨문학상의 권위에 밀리지 않는다. 그는 말을 조합하고 배열해 '시'를 만드는 탁월한 '기술'의 소유자이다. 나는 그가 고도의 시적 언어의 생산자일 뿐만 아니라, 거기에 음악과 퍼포먼스까지 더해 누구도 넘보기 힘든 하나의 '세계'를 구축한 자라고 본다. 그러므로 그의 예술은 특정 장르로 한정해 설명할 수 없는, 그리하여 우리가 그냥 '딜런의 세계'라고 부를 수밖에 없는 장르 너머의 장르이다. 그의 세계는 음악 혹은 문학, 철학 등의 단위 명사로 결코 규정되지 않는다.

'딜런의 세계'는 훌륭한 예술이 갖추어야 할 덕목들을 두루 가지고 있다. 무엇보다도 딜런의 세계는 클리셰(cliché)를 혐오한다. 새로운 것을 창조한다는 목표가 없다면 예술은 존재하지 않는다. 예술은 근본적으로 그 모든 클리셰로부터의 끝없는 탈주이며, 이 탈주의 동력을 상실하는 순간, 예술은 죽음을 맞이한다. 우리가 딜레탕트(dilettante)들을 혐오하는 것은 그들이 진부한 형식에 예술의 이름을 붙이기 때문이며, 취미 생활을 직업이라 부르기 때문이다. 그럼에도 불구하고 예술은 늘 '순전히' 새로운 것은 없다는 현실에 직면해 있다. 모든 창조는 축적된 전통으로부터, 그리고 그 전통과의 처절한 싸움에서 비롯되기 때문이다. 이렇게 보면 예술은 클리셰 안에 몸을 담근 상태에서 클리셰가 되기를 거부하는, 부정의 부정이라는, 고통과 고난의 과정 그 자체이다. 이런 싸움을 회피하는 자, 그 누구도 예술가가 될 수 없다. 딜런의 세계 안에는 먼 고대로부터 현재에 이르기까지 인류가 축적해온 무수한 철학적, 사상적, 예술적 유산들로 가득하다. 그는 이 거대한 창고를 뒤지고 뒤져 수많은 장비들을 끄집어내며, 그것들을 자신의 언어로 뜨개질한다. 심지어 동일한 노래조차도 그는 늘 다르게 부른다. 가령 1967년에 나온 〈꿈에서 나는 성 아우구스티누스를 보았네 I Dreamed I Saw St. Augustine〉 오리지널 곡과, 1987년 동베를린의 한 공연장에 울려 퍼진 락 스타일의 이 노래는 전혀 다르다. 어쿠스틱과 하모니카의 오리지널을 좋아하는 팬들에게 후자의 퍼포먼스는 다소간 귀에 거슬린다. 후자를 선호하는 청자들에게 전자는 먼 고대 수도사의 노래처럼 고즈넉하고 깊고 슬프다.

딜런은 또한 인간이 개체이면서 동시에 사회적 존재라는

사실을 정확히 인지하고 있다. 진부한 대중가요의 흔해빠진 사랑타령이 사적이고 고립된 개인의 상상력에 갇혀 있는 것이라면 그는 그 모든 존재들의 '관계성'에 주목한다. 마틴 부버(Martin Buber)가 "태초에 관계가 있었다"고 선언한 것처럼 관계는 선택의 범주가 아니라 존재의 범주이다. 만일 개체로부터 이 모든 관계성을 지우려 한다면 그것은 존재론적 차원에서 사회적 동물인 인간을 왜곡하는 것이다. 인간은 이런 점에서 선택의 여지없이 (개체와 사회적 관계로 이루어진) '겹존재(double being)'이다. 따라서 인간에 대한 모든 정당한 사유는 개체와 관계에 대한 동시적 '겹사유(double thinking)'이어야만 한다. 딜런이 어쿠스틱을 버리고 일렉트릭을 집어든 이후에도 (대중의 오해와 달리) 평생 '길거리의 사유(street thinking)'를 버리지 않는 이유가 바로 이것이다. 그는 개인의 실존적 고뇌와 사회적 시스템의 문제가 불가분의 관계에 있음을 잘 인지하고 있다. 그러므로 그를 저항가수로만 보려는 모든 시각과 그가 저항가수로서의 사회적 책임을 버렸다는 지적은 둘 다 잘못된 것이다. 그는 협애한 '무리 짓기'가 또 다른 '진리독점'임을 잘 알고 있으며, 진리를 유예하는 편을 선택한다. 그리고 그에게 있어서 이 유예는 '포기'가 아니라 '신중한 탐구'이다.

딜런은 또한 그 모든 진정한 사유의 끝장이 신에 대한 성

찰임을 잘 알고 있다. 그것의 한 분출로 1970년대 말에서 1980년대 초에 걸쳐 그가 가스펠 음반을 연이어 냈을 때, 사람들은 그를 "예수쟁이(Jesus freak)"라고 비난했고, 이 시대를 소위 "가스펠 시대(Gospel period)"라고 괄호에 넣어버렸다. 어떤 팬들에게 딜런의 이 시대는 그 자체로 '악몽'이었으며, 그들은 이 시대를 그들의 기억에서 지워버리기를 원했다. 그러나 가스펠 시대 이전이나 이후에나 그는 단 한 번도 신에 대한 사유를 멈춘 적이 없다. 딜런에게 있어서 신에 대한 사유는 '변수(變數)'가 아니라 '항수(恒數)'이다. 신에 대한 모든 사유는 인간이 스스로를 '약한 존재'로 인식할 때에만 가동된다. 오만한 인간은 절대 신에 대해 사유하지 않는다. 딜런은 인간이 근본적으로 결핍의 존재임을 잘 알고 있으며, 그리하여 늘 '저 너머'의 존재에 대하여 사유한다.

미국에서 딜런에 대한 연구는 이제 저널리즘의 차원을 넘어 하나의 학문, 즉 '딜런학(Dylanology)'이 되고 있다. 딜런에 대한 연구서와 논문들이 하루가 다르게 쌓여가고 있다. 대중문화에 대한 연구가 일천하기 짝이 없는 한국의 상황과 비교할 때 부러운 일이 아닐 수 없다. 1950년대 후반부터 주로 영국에서 시작된 '문화 연구(Cultural Studies)'의 전통은 대중문화가 더 이상 단순한 소비상품이 아님을 잘 보여준다. 대중문화는 고급문화와 달리 현실과 더욱 '직접적인' 연관을

맺고 있으며, 결핍의 현실 속에서 부대끼며 살아가는 대중 주체들의 복잡한 정서들을 고스란히 담고 있다. 그것은 때로 지배이데올로기의 조작의 대상이 되기도 하고 자본의 환관 역할을 하기도 하지만, 유토피아 욕망의 무의식적 표현이 되기도 한다. 대중문화에는 현실에 대한 대중의 복잡다기한 애증이 화인(火印)처럼 찍혀있다. 그것은 불덩이처럼 뜨겁고 아프고 허황되며 진실하다. 현실에 대한 그 '날 것'의 반응을 읽는 것이 대중문화 연구이다. 미국 대학들의 영문학과 커리큘럼에도 대중문화가 차지하는 비중이 점점 커지고 있다. 무려 20여 년 전 내가 플로리다 대학교(Univ. of Florida) 영문학과에 방문교수 자격으로 체류할 때, 이 대학 영문학과 학부 커리큘럼의 절반이 이미 대중문화 연구였다. 대중문화처럼 뜨거운 화두도 드물다. 내가 영문학자로서 송해 평전 『나는 딴따라다』(2015)를 집필한 이후 이번에 다시 밥 딜런을 연구하는 것도 널리 이런 맥락에서이다. 대중문화를 설명하는 메타언어는 연구자들의 몫이다. 딜런은 지금도 길바닥에 자신을 내려놓고 현실의 상처를 온 몸에 기록하며 자신과 세계와 싸우고 있다. 그리고 그 고통 속에서, 그는 늘 '저 너머'에 있는, 그리고 '지금 여기'에 이미 들어와 있는 유토피아와 신의 목소리를 듣는다.

딜런은 한 인터뷰에서 "나는 나의 말이다(I am my words)"

라고 고백했다. 그는 읽기를 기다리고 있는 텍스트이다. 이
책은 그 기다림에 대한 작은 응답이다.

2018년 오는 봄 앞에
교동마을 우거에서
오민석

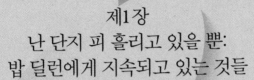

제1장
난 단지 피 흘리고 있을 뿐:
밥 딜런에게 지속되고 있는 것들

거리의 비평가, 밥 딜런

밥 딜런은 유령이다. 그를 찾는 곳에 그는 없다. 가짜 자아 (peseudo self)를 거부하는 그는 규정과 투사의 그물에 잡히지 않고 오로지 자신이 되기를 원한다. 딜런은 딜런일 뿐이다. 딜런의 가면을 만드는 것은 딜런이 아니라 대중들과 미디어와 속류 평론가들이다. 밥 딜런은 가면을 피해 진짜 자아 (genuine self) 안으로 숨는다.

그는 저항 가수의 아이돌이 되기 이전에 이미 '거리의 비평가'였고, 그가 잠시 어쿠스틱을 버리고 일렉트릭으로 플러그인 한 이후에도 그는 여전히 사회 평론가였다. 그가 대략 1979년에서 1981년에 걸쳐 '예수쟁이(Jesus freak)'라 매도

당하기 훨씬 이전부터 그는 성경의 애독자였고 그의 노래에 수많은 성경 '말씀'을 끌어들였다. 그는 언제나 거리의 현실에서 눈을 떼지 않았고, 예나 지금이나 성경적 사유(思惟) 안에 있다. 이것이 밥 딜런에게 '지속되고 있는 것들'이다.

그렇지만 올바른 사회 평론가 그리고 올바른 믿음의 사도가 된다는 것은 쉬운 일이 아니다. 사회 평론은 늘 총체적 시각과 균형을 필요로 하며 외적 현실뿐만 아니라 개별 주체들의 내면을 도외시해서도 안 된다. 징벌과 비난만으로 사회문제가 일거에 해결되지도 않는다. 시스템을 바꾸기 위해서는 때로 장구한 세월을 견뎌야 한다. 게다가 현실은 단 한 순간도 멈추지 않는다. 사회 비판은 변화하는 현실에 적실하고도 탄력적인 대응을 해야 한다. 비판이 교조화될 때, 그것은 또 다른 왜곡과 억압을 낳는다. 또한 국부적(local) 현실은 글로벌(global) 현실과 긴밀히 연결되어 있으므로, 국부적 사유는 글로벌 현실에 의해 종종 훼손된다. 그 어느 경우에도 손쉬운 해결은 없다. 딜런은 복잡한 현실에 복잡하게 대응하는 법을 안다.

1965년 7월 25일 뉴포트 포크 페스티벌(Newport Folk Festival)에서 밥 딜런은 통기타를 버리고 일렉트릭을 들고 나타났다. 밥 딜런 뒤에는 일렉트릭으로 무장한 폴 버터필드 블루스 밴드(Paul Butterfield Blues Band)가 서 있었다. 그는 마지막 음향 체크 때 입고 있던 폴카(polka) 물방울 셔츠를 벗고, 대신에 가죽 점퍼로 무장을 한 채 무대에 올랐다. 포크 시절의 하모니카는 여전히 목에 건 상태였다. 그가 마치 "군중들과 결투라도 하듯 자신의 펜더 스트라토캐스터(Fender Stratocaster) 기타를 검(劍)처럼 휘두르며"[1] 강렬하고도 현란한 일렉트릭 사운드로 〈매기 농장 Maggie's Farm〉을 부를 때, 청중들은 미국 대중음악사에서 록의 새로운 역사가 써지기 시작했음을 몰랐다. 포크 음악의 열렬한 신도들은 밥 딜런의 '배반'(?)을 눈치 채고 야유와 고함을 날렸다. 그러거나 말거나 밥 딜런은 "다시는 매기 농장에서 일하지 않을 거야, 노우, 다시는 매기 농장에서 일 안 해"라고 큰 소리로 외치며 로큰롤의 대로로 거침없이 걸어 나갔다. 그것은 그를 포크 음악의 황제, 저항의 아이돌로 고정시키려는 대중들에게 보내는 장렬한 고별사였다. 딜런은 대중들이 그에게 씌워주었던 저항 가수의 가면을 이렇게 한순간에 찢어버렸다. 대중들은 당혹했으며 당시 포크의 대부였던 피트 시거(Pete Seeger)가 머리끝까지 화가 나서 도끼로 전선을 끊으려 했다는 소문까지 나돌았다. 그러나 피트 시거는 한 TV 인터뷰에서 자신이 "도끼로 전선을 끊고 싶었던 것은 딜런이 일렉트릭으로 돌아섰기 때문이 아니라, 음향 상태가 너무 좋지 않아 〈매기 농장〉과 같은 훌륭한 노래의 가사가 전혀 들리지 않았기 때문"[2]이라고 말했다. 딜런은 이어서 〈구르는 돌처럼 Like a Rollng Stone〉, 〈웃으려면 많은 것이 필요해, 울고 싶으면 기차를 타면 되지 It Takes a Lot to Laugh, It Takes a Train to Cry〉를 부르고 무대에서 내려왔다. 이 두 노래는 뉴포트 공연 바로 며칠 전에 나온 여섯 번째 스튜디오 앨범 《다시 찾은 61번 고속도로 *Highway 61 Revisited*》(1965)에 실린 것들이다. 이 중에서도 〈구르는 돌처럼〉은 일반적인 싱글 트랙보다 두 배나 더 길어(6분 이상) 라디오 방송에도 적절치 않은 데다가 무겁고 부담스러운 일렉트릭 사운드 때문에 콜럼비아 레코드사도 출시를 망설였던 노래이다. 그러나 뉴포트 페스티벌에서 포크 음악의 신도들에게 '배반'의 음악이었던 이 노래는 빌보드(Billboard) 차트 2위까지 오르며 공전의 대히트를 쳤고 미국 대중음악의 흐름을 크게 바꾸어 놓았다. 포크는 그럭저럭 60년대 말까지 명맥을 이어갔지만 더 이상 주류는 아니었다. 뉴포트 포크 페스티벌에서 그는 대중들을 둘로 분열시켰다. 어느 기자의 말대로 1965년 7월 25일, 일요일 밤, 딜런은 대중의 "절반을 전화(電化)시켰고, 나머지 절반을 감전사(感電死)시켰다."[3]

그렇다면 딜런이 어쿠스틱에서 일렉트릭으로 넘어간 것은 당시에 그에게 분노했던 사람들의 주장처럼 그가 포크의 사회 비판 정신을 버린 것으로 이해해도 될까. 그렇지 않다. 딜런의 전기 중 가장 신뢰할 만한 것으로 평가되는『집으로 가는 길은 없네: 밥 딜런의 삶과 음악 *No Direction Home: The Life and Music of Bob Dylan*』(1986)에서 로버트 셸턴(Robert Shelton)은 다음과 같이 말한다. "딜런은 그 이전의 3년보다 훨씬 더 복잡한, 새로운 종류의 표현을 창조하고 있었다. 딜런의 "포크-록(folk-rock)"의 창조는 대중문화에 있어서 하나의 전환점이었다. 딜런의 새로운 작업이 시작되기 전에, 비틀즈(The Beatles)를 포함한 대부분의 록 뮤지션들은 활기도 없고, 보잘 것 없는 가사들을 사용하고 있었다."[4](강조는 셸턴의 것) 셸턴의 주장대로 문제는 가사이다. 딜런은 일렉트릭으로 전환한 이후에도 데뷔 초부터 보여주었던 포크 성향의 가사를 계속 사용하고 있다. 다만 그는 포크 스타일의 가사에 록의 사운드를 입힌 것이다. 그리하여 그는 한편으로는 전통적인 포크로부터 멀어지면서, 다른 한편으로는 록의 새로운 길을 개척한 것이다. 게다가 같은 해(1965) 《다시 찾은 61번 고속도로》 직전에 나온 다섯 번째 스튜디오 앨범 《그것을 모두 가지고 돌아오다 *Bringing It All Back Home*》에서 그는 앨범의 한 면은 어쿠스틱으로, 다른 한 면은 일렉트릭으로 배치함으로써 이미 과도기를 거쳤다. 사회나 정치 문제만을 다루지 않고 인간의 내면으로 시야를 확대한 것은 이미 네 번째 앨범인 《밥 딜런의 또 다른 면 *Another Side of*

Bob Dylan》(1964)에서 시작되었다. 이렇게 보면 1965년 뉴
포트 포크 페스티벌에서 밥 딜런이 보여준 변신은 갑작스러
운 것이 아니라 이미 예고되고 준비된 것이었다. 일렉트릭으
로 전환하면서 딜런은 목욕물을 버리면서 아기까지 버리는
오류를 저지른 것이 아니라, 자기 세계를 확대하고 확산한
것이었다. 딜런에게 데뷔 초부터 최근까지 일관되게 중요한
것은 가사와 가사의 효과적 전달이다. 그의 음악이 문학과
'친족 유사성(family resmeblance)'을 가지고 있는 이유가 바로
이것이다. 밥 딜런의 대부분의 가사가 대중들이 암송하기 힘
들 정도로 길고, 게다가 스토리를 담은 내러티브가 자주 등
장하는 경향이 있는데, 이는 '말(word)'에 대한 딜런의 강박
적 욕망에서 기인하는 것이다. 다른 가수들과 비교해보면 그
의 노래들은 상대적으로 '언어 과잉'의 상태에 있는데, 딜런
은 성경을 위시하여 수많은 고전들과 현대 문학작품들에 대
한 독서를 통해 영감을 얻었으며, 그들의 언어를 자신의 가
사에 끌어들였다. 그에게 있어서 언어는 '존재의 집'(하이데
거 Martin Heidegger)이며, 비트겐슈타인(Ludwig Wittgenstein)의
전언대로 "언어의 한계는 세계의 한계"이기 때문이다. 그는
누구보다 '말'에 집착한 싱어송라이터였다. 1964년, 「라이
프 Life」지와의 인터뷰에서 그는 "나는 나의 말이다 I am my
words."라고 고백하였다.[5]

데이비드 달튼(David Dalton)의 지적대로 "딜런은 록 음악이 무언가를 의미하는 말들(words)을 제거하고 마비시켰다는 사실을 특유의 고집스런 통찰로 깨달았고, 이제 그것들을 다시 가져와야 한다는 것을 알고 있었다."[6] 딜런은 강렬한 사운드와 비트(beat)로 말이 사라진 공간에 말을 끌어들였으며, 내러티브가 사라진 세계에 '저잣거리(street)'의 내러티브를 끌어들였다. 가령 《다시 찾은 61번 고속도로》의 두 번째 트랙에 실려 있는 〈툼스톤 블루스 Tombstone Blues〉의 가사는 무려 90행에 가까우며, 그것도 앞뒤가 연결이 잘 되지 않는 '초현실적인(surreal)' 작은 이야기들의 결합으로 이루어져 있다.

벨 스타의 유령은 자신의 지혜를
수녀 이세벨에게 물려주네 그녀는 맹렬하게
토막살인자 잭 더 리퍼를 위해 대머리 가발을 짜고 그는
상공회의소 제일 위쪽에 앉아 있네

엄마는 공장에 있는데
신발도 없지
아빠는 골목에서
폭파장치를 찾고 있어
나는 거리에서

툼스톤[7] 블루스를 부르고 있지

히스테리 신부(新婦)는 오락장에서
비명을 지르며 칭얼거리네 "난 이제 털렸어"
그리고 의사를 부르지 의사는 차양을 내리며
말하네, "그러니 내가 남자애들을 들이지 말라고 충고하는
거야"

이제 치료 주술사가 발을 질질 끌며 들어오지
그는 으스대며 신부에게 말하네
"당장 뚝 그쳐, 자존심은 다 버리라고
죽지 않아, 그건 독약이 아니라고"

엄마는 공장에 있는데
신발도 없지
아빠는 골목에서
폭파장치를 찾고 있어
나는 거리에서
툼스톤 블루스를 부르고 있지

　　　　　　　　　—〈툼스톤 블루스 Tombstone Blues〉 부분[8]

"벨 스타"는 19세기 후반의 악명 높았던 미국의 무법자이고 "이세벨"은 성경의『열왕기상』에 나오는 악녀이다. "잭더 리퍼"는 19세기말 런던에서 악명을 날리던 연쇄 살인범이다. 이 가사는 악을 연대기적 시간대를 넘어 끊임없이 재생산되는 것으로 그리고 있고 그 악의 현재를 "상공회의소 제일 위쪽"에 가져다놓음으로써 날카롭게 시대를 풍자한다. "상공회의소"가 사실상 '자본'의 다른 이름임을 인지하면, 이 풍자가 무엇을 겨냥하고 있는지 잘 알 수 있다. 그리고 위에서 보다시피 먼저 나온 이야기와 전혀 다른 '작은 이야기(petit narrative)'들이 계속 이어지고 그 이야기들이 끝날 때마다 동일한 후렴이 반복된다. 후렴에는 신발도 없이 공장에 다니는 엄마와 골목에서 폭파장치를 찾는 아빠, 그리고 죽음의 노래("툼스톤 블루스")를 부르고 있는 화자를 배치함으로써, 딜런은 그가 여전히 궁핍과 결핍의 각도에서 세계를 읽고 있음을 알려준다. 이는 그가 일렉트릭을 끌어들이면서 사회 비판을 버리고 '돈벌이 전선'으로 넘어간 가벼운 존재가 아님을 여실히 보여준다. 게다가 초현실주의적 몽타주(montage) 수법을 동원한 이런 식의 언어 배열은 그가 포크 가수일 때와 매우 다른 방식으로 세계를 대하고 있음을 보여준다. 포크의 언어가 상대적으로 단순하고 직접적이라면, 포크 이후 밥 딜런의 언어는 문학으로 치자면 모더니즘의 언어처럼 난해하고 파편적이고 복잡하다. 딜런은 세계의 복잡성, 파편성을 정확하게 인식하고 있다. 그는 복잡한 현실을 단순하게 재현하는 것은 현실에 대한 왜곡이며 사상적 나태임을 누구보다도 잘 알고 있다. 그는 복잡한 현실을 단순한 것으로 왜곡하는 대신에, 그것을 있는 그대로 복잡하게, 파편적으로 재현한다. 딜런의 이런 태도는 대중문화 장르에서는 매우 희귀한 현상이다. 그는 이런 방식으로 대중문화에 숭고성(sublimity)을 부여한 예외적인 예술가이다. 그는 '거리의 비평가'이기를 거부한 것이 아니라, 여전히 거리에 있으며, 그 거리의 삶을 매우 비판적인 시각으로 읽어내고 있되, 다만 과거와 '다른' 방식으로 읽어내고 있을 뿐이다.

마을에 저녁 안개가 내리고
시냇가엔 별이 빛나네
프롤레타리아 계급의 구매력은 떨어지고
돈은 점점 바닥나고 약해지지
내가 가장 사랑하는 곳은 달콤한 기억
그것은 우리가 밟았던 새로운 길
사람들은 말하지 저임금은 현실이라고
우리가 해외에서 경쟁하려면
　　　—〈노동자 블루스 #2 Workingman's Blues #2〉 부분

이 노래는 그의 32번째 스튜디오 앨범 《모던 타임즈 *Modern Times*》(2006)에 실린 곡이다. 일렉트릭 소동이 난 1965년을 기준으로 하면 그때로부터 무려 41년이 지나고 나온 노래이다. 2000년대 초반 미국 노동자의 현실을 그리고 있는 이 노래에서도 '거리의 현실'에 대한 딜런의 관심은 계속되고 있다. 딜런은 이 노래에서 여전히 가난 속에 있는 노동자들의 삶을 "프롤레타리아 계급"이라는, 대중가요에서는 좀체 찾아보기 힘든 개념어를 동원해 묘사하고 있다. 해외에서의 경쟁 때문에 임금을 낮게 책정할 수밖에 없다는 자본의 논리는 얼마나 낡고 상투적인 변명인가.

> 과부의 울음, 고아의 애원
>
> 모든 곳에서 당신은 보네 더 큰 불행을
>
> 나랑 함께 가, 그대여, 그래주었으면 좋겠어
>
> 내가 무슨 말을 하는지 알잖아, 괜찮아
>
> 괜찮아, 나는 괜찮다고 말했어
>
> 모든 것이 괜찮다고
>
> —〈괜찮아 It's All Good〉 부분

비교적 최근작인 33번째 스튜디오 앨범 《함께 인생을 *Together Through Life*》(2009)에 나오는 위 노래에서도 우리는 거리의 평론가로서의 딜런의 면모가 지속되고 있음을 본다. 더욱이 첫 두 행은 그가 영국 낭만주의 시인인 윌리엄 블레이크(William Blake)의 애독자임을 짐작케 해준다. 블레이크의 유명한 시 「런던 London」에는 다음과 같은 대목이 나온다.

> 만나는 얼굴마다 보네
> 병약함의 흔적을, 비탄의 흔적을.
>
> 모든 사람의 절규 속에서,
> 모든 아기들의 두려움 가득한 울음 속에서,
> ─ 윌리엄 블레이크 「런던」 부분(오민석 역)

블레이크의 위 시가 19세기 초반 산업 혁명 당시 착취와 수탈에 시달리던 영국 기층 민중들의 삶을 재현하고 있다면, 밥 딜런의 위의 노래는 21세기 미국의 사회적 약자들을 재현하고 있다. 『성경』에서 대표적인 사회적 약자가 과부와 고아인 것임을 감안하면, 우리는 이 대목에서 더욱더 분명하게 (딜런에게 있어서의) 비판 담론(critical discourse)의 지속성을 확인하게 된다.

2012년에 발매된 스튜디오 앨범 《폭풍우 Tempest》의 마지막 트랙 〈존, 계속 굴러 Roll on John〉은 비명에 간 가수 존 레논(John Lennon)을 회상하는 노래이다. 이 곡은 얼핏 돈 맥클린(Don Mclean)의 〈빈센트 Vincent〉를 떠올리게도 하지만, 분위기는 전혀 다르다. 이 노래는 한 탁월한 예술가가 비극적으로 세상을 떠난 다른 예술가에게 바치는 장엄하고 깊고 처연한 헌사이다. 딜런은 2013년 영국 리버풀의 한 콘서트에서 이 노래를 불렀는데, 들어보면 그는 이제 나이가 들었는지(이 무렵 딜런의 나이도 벌써 만 72세이다) 평소답지 않게 감정을 듬뿍 실어 거의 울다시피 이 노래를 부른다. 관중들의 반응도 매우 뜨겁다.

의사, 의사, 지금이 몇 시지
또 한 병을 비웠어, 또 돈을 써버린 거야
그는 돌아서서 천천히 떠나 버렸지
그들이 그를 뒤에서 쏘았어 그리고 그는 쓰러졌지

당신의 빛을 비춰
계속 나아가
당신은 정말 밝게 타올랐지
존, 계속 굴러

(……)

남쪽을 향해 부는 무역풍을 따라 항해해
마치 다른 노예처럼 등에는 누더기를 걸쳤군
그들이 당신의 손을 묶고 당신의 입을 조였지
그 깊고 어두운 동굴에서 나갈 길이 없었던 거야

(……)

당신의 빛을 비춰
계속 나아가
당신은 정말 밝게 타올랐지
존, 계속 굴러

호랑이, 호랑이, 환히 불타오르네
나는 주께 내 영혼을 지켜달라고 기도하네
밤의 숲 속에서
그를 덮어달라고, 그리고 그를 잠들게 해달라고
　　　　　　　—〈존, 계속 굴러 Roll on John〉 부분

위 인용문 마지막 연에서 딜런은 존 레논을 무너지지

않는 절대적인 힘의 상징으로서 "호랑이"에 비유하고 있다. 이 대목은 블레이크의 「호랑이 Tyger」라는 시의 첫 번째 행 "호랑이! 호랑이! 환히 불타오르네 Tyger! Tyger! burning bright"와 정확히 일치한다. 이 시는 영국에서는 초등학생들도 다 읽을 정도로 유명한 시이다. 수많은 평론가들이 밥 딜런의 가사에서 이와 같은 현상, 즉 '상호텍스트성(intertextuality)'을 발견한다. 밥 딜런의 가사에서 발견되는 문학 텍스트들은 블레이크에 그치지 않는다. 딜런의 언어에는 『성경』을 위시하여 셀 수 없이 많은 문학 텍스트들이 (지속적으로) 파편처럼 흩뿌려져 있다. 그러나 이것은 명백히 표절이라기보다는, 딜런 음악의 영감이 상당 부분 문학에 빚을 지고 있으며 그의 음악이 문학과 유사한 '계보'에 속해 있음을 보여주는 증거이다. 그리고 이 현상은 본격 문학 못지않은 수준의 지성과 현실 재현 능력을 딜런의 음악에서 볼 수 있게 해준다. 대중음악에서 이런 '깊이'의 사유와 표현을 만나는 것은 흔한 일이 아니다. 가령 1960년대 미국 비트 세대(Beat Generation)를 대표하는 시인 알렌 긴즈버그(Allen Ginsberg)와 밥 딜런의 우정은 널리 알려져 있다. 그는 긴즈버그를 포함하여 시인이자 소설가인 잭 케루악(Jack Kerouac) 등 비트 세대와 더불어 뜨거웠던 60년대를 뜨겁게 통과하였다. 딜런이 비트 시인들에게서 배운 것은 그들의 시선이

좁은 골방이 아니라 늘 '거리'를 향해 있었다는 것이다. 딜런은 이들에게서 (딜런이 스스로) "거리의 이데올로기들(street ideologies)"이라 부른[9] 사회 비평적 시각을 배웠으며, 이런 시각은 그의 초창기 포크 시대를 넘어 최근까지도 그의 음악 세계에서 지속적으로 반복되고 있다.

주님, 가련한 제 목소리를
세상에 들리게 해주소서

공포를 불러일으키는 사람들이 항상 있지

그들은 오랜 세월 동안 전쟁에 대해 말해오고 있지

나는 그들의 모든 성명서를 다 읽었지만 한 마디도 안 했지

그러나 이제 주 하나님, 내 불쌍한 목소리가 들리게 하소서

내 발자국을 따라 내가 죽게 하소서

내가 땅 속에 묻히기 전에

내가 루비와 재물과 왕관들을 가지고 있다면

나는 전 세계를 사서 모든 것들을 변화시킬 거야

나는 모든 총들과 탱크들을 바다에 던져버릴 거야

왜냐하면 그것들은 지난 역사의 실수들이므로

내 발자국을 따라 내가 죽게 하소서

내가 땅속에 묻히기 전에

    — 〈내 발자국을 따라 내가 죽게 하소서 Let Me Die in My

                Footsteps〉 부분

이 노래는 딜런의 첫 번째 스튜디오 앨범 《밥 딜런 *Bob Dylan*》(1962)년에 실려 있다. 어쿠스틱 기타와 하모니카, 딜런의 보컬만으로 이루어진 단순한 멜로디에 전쟁 반대의 강력한 '사회적' 메시지를 담고 있는 이 노래는 초기 포크 뮤지션으로서의 딜런의 모습을 잘 보여준다. 여기에서 우리가 주목하는 대목은 바로 "주 하나님, 내 불쌍한 목소리가 들리게 하소서"라는 발언이다. 1979~1981년 사이에 세 장의 앨범을 통해 '직접적'으로 기독교 메시지를 전달했던 딜런의 모습을 두고 딜런이 '예수쟁이'가 되었다느니, 무신론자였던 딜런이 기독교로 '개종'을 했다느니 하면서 벌어졌던 온갖 소란들은 사실 미디어와 속류 비평가들이 만든 '소동'에 불과하다. 평생 근 40장에 가까운 스튜디오 앨범을 낸 가수가 고작 3장의 가스펠 앨범을 낸 걸 가지고 그 무슨 난리들이란 말인가. 이 모든 소동은 그를 저항의 아이돌과 마약에 찌든 로큰롤 가수로 고정시키려 했던 대중적 욕망이 좌절된 데에서 온 것이다. 그는 '개종'이 아니라 얼치기 촌놈으로 뉴욕에 기어들어왔을 때부터 이미 크리스천이었고 지금도 여전히 크리스천이다. 위 노래의 가사에서 볼 수 있듯이 사회 평론 가로서의 딜런과 크리스천으로서의 딜런은 별개가 아니다. 그는 전쟁반대를 외치는 자신의 목소리가 널리 퍼지게 해달 라고 "주 하나님"께 기도하고 있다. 후렴의 "내 발자국을 따라 내가 죽게 하소서"라는 메시지는 '거리의 비평가'로서 자신의 정체성을 유감없이 보여준다. 같은 앨범에는 다음과 같은 노래도 실려 있다.

평화와 형제애를 설파하려면
오, 얼마나 큰 대가를 치러야 할까!
오래전에 한 사람이 그것을 했고
사람들은 그를 십자가에 매달았네
오래전에, 먼 곳에서
이런 일은 일어나지 않아
이제 더 이상, 이제는

(……)

어떤 사람은 많은 돈을 가지고 있었지

어떤 사람은 먹을 돈도 충분치 않았어

어떤 사람은 마치 왕처럼 살았지

다른 사람은 길거리에서 구걸을 했어

오래전에, 먼 곳에서

이런 일은 일어나지 않아

이제 더 이상, 이제는

어떤 사람은 날카로운 칼에 찔려 죽었지

어떤 사람은 총탄에 맞아 죽었어

어떤 사람은 애간장을 끓이고 죽었지

자기 아들이 사형 당하는 것을 보았던 거야

오래전에, 먼 곳에서

이런 일은 일어나지 않아

이제 더 이상, 이제는

　　　　　—〈오래전에, 먼 곳에서 Long Ago, Far Away〉 부분

　경쾌하고 힘찬 비트의 이 노래는 예수를 "평화와 인류애를 설파"하는 자, 그리고 그로 인해 "큰 대가"를 치러야 했던 '전형적인' 존재로 묘사하고 있다. "오래전에, 먼 곳에서" 벌어진 이 일을 회상하면서, 딜런은 1960년대 미국 사회에서의 폭력과 차별에 대한 저항과 그로 인한 희생을 "평화와 인

류애를 설파"했던 예수의 행위와 일치시킨다. 이 작품에서 우리는 또한 신앙과 사회 비판의 행복한 결합을 확인한다.

비교적 최근인 31번째 스튜디오 앨범 《사랑과 절도 *Love and Theft*》(2001)의 마지막 트랙 〈슈거 베이비 Sugar Baby〉의 마지막 부분에서, 딜런은 "하늘을 올려다 봐, 올려다 봐 — 너의 창조주를 찾아봐 — 가브리엘 대천사가 나팔을 불기 전에"라는 전언(傳言)을 슬쩍 끼워 넣는다. 같은 앨범의 영화 사운드 트랙인 〈푸른 산을 지나 Cross the Green Mountain〉에서도 그는 "하나님을 섬기고 기뻐해라, 저 너머 위쪽을 바라봐, 새벽의 놀라운 모습들을 가리고 있는 저 어둠 너머를"이라고 말하고 있다. 1979~1981년의 소위 "가스펠 시기(Gospel period)"가 훨씬 지난 최근까지도 딜런은 그때처럼 기독교 메시지를 노골적으로 '전경화(前景化 foregrounding)'시키고 있지는 않지만, 도처에 크리스천 메시지를 흘려놓고 있다.

딜런의 가사들은 대부분 긴 내러티브를 가지고 있고, 이 내러티브들은 셀 수 없이 많은 등장인물들을 무대에 올린다. 그들은 가상의 인물이기도 하고 역사책이나 성경, 문학작품에 등장하는 인물들 혹은 뉴스에 보도된 실제 인물들이기도 하다. 수많은 인물들이 딜런의 노래 속에 왔다가 사라져갔지만 지속적으로 나타나는 하나의 인물이 있다. "때로 무대에 나타나기도 하지만 통상 커튼 뒤에 어렴풋이 숨어 있는 이 지속적인 한 존재(presence)는 바로 기독교의 하나님이다."[10] 제임스 스피겔(James S. Spiegel)에 따르면, "1967년 이전까지 딜런이 신성(神性 the divine)을 언급한 적은 별로 없었고, 언급을 하더라도 장난기가 가득했다. 그러나 우드스탁(Woodstock)에서의 전설적인 오토바이 사고가 그것을 바꾸어 놓았다. 이 사건은 딜런의 비트 시인의 시대(beat poet period)에 종언을 나타내는 신호였으며, 동시에 그의 가사에 도덕적이고도 영적인 진지함이 시작되었음을 알려주었다. 그리고 이런 경향은 그 이후로 결코 시들지 않았다. 만일 딜런이 항상 미국의 문화적 예언자였다면, 이 꼬리표는 (여덟 번째 앨범) 《존 웨슬리 하딩》 이래의 활동에 문자 그대로 더 잘 적용되어 왔다. 하나님에 대하여, 에게, 위하여, 혹은 관하여 말을 하든 하지 않든 간에, 오토바이 사건 이후의 딜런은 항상 하나님과 관계되어 있다(God-concerned)."[11]

스피겔은 오토바이 사고 이전까지 딜런이 신성을 언급한 적이 별로 없었고, 그렇다고 해도 장난기로 그랬다고 지적하지만, 이런 지적은 어떤 점에서는 옳고 어떤 점에서는 틀리다. 앞에서 우리가 살펴본 것처럼 그 이전에도 그는 직접적으로 자주 '신성'에 대하여 언급을 했다. 다만 스피겔의 지적이 어느 정도 일리가 있는 것은, 그의 '신앙'이 1967년 이전에는 훨씬 더 자유로웠다는 것이다.

오, 당신은 성경을 소리 내어 읽을 수 있지요

무릎을 꿇을 수도 있어요, 어여쁜 엄마

그리고 주님께 기도할 수도 있지요

그러나 그런 건 아무 소용 없어요

당신은 필요할 거예요

당신은 언젠가 내 도움이 필요할 거예요

그렇지요, 당신이 만일 죄 짓는 일을 그만둘 수 없다면

제발 비열하겐 살지 마세요

네, 당신은 백악관으로 달려 내려갈 수도 있어요

당신은 국회 의사당 돔을 응시할 수도 있지요, 어여쁜 엄마

당신은 대통령의 문을 쿵쿵 두드릴 수도 있어요

그러나 당신은 이제 아셔야 해요 너무 늦었다는 것을

당신은 필요할 거예요

당신은 언젠가 내 도움이 필요할 거예요

그렇지요, 당신이 만일 죄 짓는 일을 그만둘 수 없다면

제발 비열하겐 살지 마세요

　―〈제발 비열하겐 살지 마세요 Quit Your Low Down Ways〉

부분

이 노래는 앞에서 살펴본 〈내 발자국을 따라 내가 죽게 하소서〉, 〈오래전에, 먼 곳에서〉와 더불어 딜런의 첫 스튜디오 앨범 《밥 딜런》에 실려 있다. 그러나 '신성'에 대한 경건한 태도를 보여주는 앞의 두 작품과 이 노래는 사뭇 다르다. 이 노래는 "어여쁜 엄마"에게 세상에 고개 숙이고 살지 말라고 하면서, 성경을 읽거나, 기도하는 일이 문제의 해결에 "아무 소용"이 없다고 말한다. 그러면서 언젠가는 "내 도움"이 필요할 것이라고 말한다. 아들의 눈에 비친 이 작품 속의 "어여쁜 엄마"는 세상에 당당하지 못하고 성경을 읽으며 기도나 하는 나약한 존재인지 모른다. 이 작품 속의 화자는 어머니의 그런 태도를 못마땅해 하고 있다. 그러느니 차라리 자신을 믿으라는 말은, 기독교 복음주의의 맥락에서 보면 엄청난 '불경(不敬)'일 수 있다. 기독교는 인간인 '나'의 무능력과 '하나님'의 전지전능을 주장하는 종교이기 때문이다. 그러나 우리는 이 작품을 다른 각도에서 읽어낼 수도 있다. 다수의 평범한 기독교인들처럼 이 작품 속의 화자도 때로 하나님께 불평하기도 한다는 것, 그리고 이 불평 자체가 어찌됐든 그의 삶이 항상 기독교적 사유의 그물 안에 있음을 보여주는 것으로 읽을 수도 있다. 이렇게 보면 이 작품은 반(反)크리스천적인 것이 아니라 오히려 일상 속에 크리스천 담론이 항상 녹아있는 매우 평범하고도 일반적인 기독교인의 모습을 보여준다고 할 수도 있다.

어찌됐든 스피겔의 지적처럼 오토바이 사고 이후 딜런이 일체의 활동을 중단하고 칩거에 들어간 이후 기독교를 대하는 딜런의 태도가 훨씬 더 진지해진 것은 사실이다. 1966년 7월 26일 우드스탁의 그의 집 근처에서 일어난 오토바이 사고 덕분에 그는 당시에 그가 그렇게 원했던 '고요한 침잠의 생활'로 돌아갈 수 있었다. 1965년 뉴포트 포크 페스티벌 이후 그는 자기만의 독특하고도 강력한 로큰롤의 세계를 앞세우며 더욱 더 주목을 받았고, 그 주목의 정점에서 1966년에는 찬사와 비난을 감수하며 월드 투어 콘서트를 감행했다. 데뷔한 후 불과 4~5년 사이에 저항의 아이돌에서 로큰롤의 새로운 가수로 세계적인 주목을 받으면서, 사실상 20대 중반의 청년 딜런은 지칠 대로 지쳤으며 대중들의 '혹독한' 관심으로부터 벗어나기를 간절히 원했다. 1967년에 발매된 여덟 번째 앨범 《존 웨슬리 하딩 *John Wesley Harding*》은 바로 그 오토바이 사고로 그가 본의 아니게 얻은 '고요한 칩거'의 시기에 만든 것이다.

꿈에서 성 아우구스티누스를 보았네
불 같은 숨을 쉬며 살아 계셨지
그리고 난 꿈에서 그들 중의 하나였네

그분을 죽음으로 내몬 자들

오, 난 화가 나서 잠에서 깼네

너무 외롭고 두려웠네

난 손가락을 거울에 대고

머리를 숙이고 울었다네

—〈나는 꿈에서 성 아우구스티누스를 보았네 I Dreamed I Saw

St. Augustine〉 부분

이 작품에서 그는 매우 진지하게 자신이 "성 아우구스티누스"를 "죽음으로 내몬 자들 중 하나"가 되어 있었다는 성찰을 한다. "손가락으로 거울을 짚고는 고개를 숙이고 울었다네"라는 표현은 자기성찰의 진정성을 잘 보여준다. 이 작품은 어쿠스틱과 하모니카로 시작하여 일렉트릭과 드럼을 뒤에 가볍게 깔고 있는 곡이다. 중간 반주 부분은 일렉트릭과 하모니카의 아름다운 합주가 돋보이는, 부드럽고 따뜻하며 평안한 곡이다. 이런 분위기 때문에 에릭 클랩튼(Eric Clapton) 등 다른 가수들도 이 노래를 즐겨 불렀다. 이 앨범엔 이 곡 외에도 〈프랭키 리와 유다 사제의 발라드 The Ballad of Frankie Lee and Judas Priest〉, 〈사악한 전령 The Wicked Messenger〉과 같이 『성경』에서 직접 소재를 차용하고 그것을 사회적 현실에 빗댄 곡들도 함께 실려 있다. 이런 종교적 메시지의 곡들은 또한 〈지주여 Dear Landlord〉, 〈나는야 외로운 부랑자 I Am a Lonesome Hobo〉와 같은 사회비판적인 곡들과 나란히 실려 있어서, '플러그인' 이전과 이후에도 그에게 계속 '지속'되고 있는 것이 무엇인지를 잘 보여준다. 그가 노골적인 기독교 복음주의의 전도사로 나간 것이 이로부터 무려 10년 후라는 점을 감안하면, 그에게 있어서 기독교는 갑작스럽고도 돌출적인 '사건'이 전혀 아님을 알 수 있다.

이제 우리는 불가피하게도 그가 "가스펠 시대"에 부른 작품들에 대하여 이야기하지 않을 수 없다. 그의 가스펠 시대(1979~1981)를 대표하는 앨범들은 《느린 기차가 와 *Slow Train Coming*》(1979), 《구원 받은 *Saved*》(1980), 그리고 《샷 오브 러브 *Shot of Love*》(1981)이다.

당신은 무대 위를 깡충거리며 뛰어다니는 로큰롤 중독자일 수
도 있어
당신은 여자들을 우리에 가둬놓고 멋대로 마약을 하는 사람일
수도 있지
당신은 비즈니스맨이거나 아니면 어떤 지체 높은 도둑놈일지
도 몰라
사람들이 당신을 의사 양반 혹은 회장님이라고 부를 수도 있지
그러나 당신은 누군가를 섬겨야만 할 거야, 진짜야

당신은 누군가를 섬겨야만 할 거야

글쎄, 그것이 악마일지도 아니면 주님일지도 몰라

그러나 당신은 누군가를 섬겨야만 할 거야

당신은 주 경찰관일 수도 있고, 대변혁을 지향하는 젊은이일

수도 있지

당신은 어떤 거대한 TV 네트워크의 우두머리일 수도 있어

당신은 부유할 수도 가난할 수도 있어, 당신은 장님이거나 절

름발이일지도 몰라

당신은 다른 이름의 다른 나라에 살고 있을지도 모르지

그러나 당신은 누군가를 섬겨야만 할 거야, 진짜야

당신은 누군가를 섬겨야만 할 거야

글쎄, 그것이 악마일지도 아니면 주님일지도 몰라

그러나 당신은 누군가를 섬겨야만 할 거야

　─〈누군가를 섬겨야만 할 거야 Gotta Serve Somebody〉 부분

　이 곡은 《느린 기차가 와》의 첫 번째 트랙에 실린 곡
이다. 이 노래는 '가스펠 시기'의 도래를 선언하는 곡이자,
'기독 전도사'로서의 자기 선언문과도 같은 곡이다. 이 곡
은 빠른 비트와 강력한 록 사운드, 그리고 랩처럼 흥얼거리

는 멜로디를 가지고 대중들에게 매우 공격적으로 다가갔다. 1965년 일렉트릭으로 전환함으로써 포크 지지자들과의 일대 전쟁을 치룬 딜런은 이번에는 기독교 메시지를 노골적으로 들고 나옴으로써 자유로운 영혼의 록 뮤지션으로 그를 고정시키려는 대중들과 다시 불화한다. 이 노래는 직업이나 사상, 처해 있는 상황들과 무관하게 모든 사람들은 '믿음 혹은 불신'의 양자택일을 해야 한다는 강력한 메시지를 담고 있다. 중간지대란 없으며 "악마"를 섬기거나 "주님"을 섬기거나 결단을 내려야 한다고 외치는 이 노래는 밥 딜런을 신화화했던 수많은 대중들을 격앙시켰다. 그들이 볼 때 '자유의 전사'였던 밥 딜런은 이제 '변생이,' '깡보수 예수 쟁이'가 되었으며, 이로써 그의 뮤지션 혹은 예술가로서의 삶도 끝장났다는 것이 그를 비판적으로 바라보는 사람들의 대체적인 시각이었다. '예수'에게 밥 딜런을 빼앗긴 대중들은 분노하였으며, 분노한 대중들 앞에서 밥 딜런은 주눅 들기는커녕 1979~1981년의 3년 동안 '복음의 전도사'로서 자신의 과업에 철저하게 충실했다. 그는 이 기간 동안 수많은 콘서트를 통하여 기독교 이념을 노골적으로 전파하였으며 과거에 그를 아이돌로 만들었던 히트곡들을 거의 부르지 않았다. 콘서트 도중에 그는 종종 설교가로 돌변했으며, 1979년 아리조나 주에서 열린 한 콘서트에서는 대중들의 반응이 시큰둥하자

"세상에는 단 두 종류의 사람들, 즉 구원받은 사람들과 구원받지 못한 사람들 밖에 없다. 예수님이 주님이시다. 모든 사람들은 그 앞에 무릎 꿇어야 한다"고 말했는데, 이런 입장은 위 노래의 후렴에 나오는 주장과 완전히 일치하는 것이다.

밥 딜런에 대한 대중들의 저항과 평론가들의 비판은 그가 지금까지처럼 기독교 담론을 그의 음악에 일부 섞은 것이 아니라, 그가 과거의 자신을 모두 부정하고 그 자리를 '예수'로 채워버렸다고 생각했기 때문이었다. 게다가 위의 곡에서 드러나는 것과 같은 '예수 천국, 불신 지옥'식의 과격한 이분법은 사실상 그를 '기독 근본주의자'로 간주할 만한 충분한 이유와 명목을 주었다. 그러나 사람들이 비판하는 것은 이 시기 딜런 음악의 가사였지 사운드가 아니었다. 가령 기독 전도사로서의 자기 선언에 가까운 위의 노래 〈누군가를 섬겨야만 해〉를 담은 앨범 《느린 기차가 와》는 딜런에게 1979년 "남성 베스트 록 보컬" 그래미상(Grammy Award)을 안겨주었다. 실제로 저명한 격주간 대중문화 잡지 『롤링 스톤 Rolling Stone』의 평론가였던 잔 웨너(Jann Wenner)는 "이 새 앨범을 들으면 들을수록 나는 이 음반이 지금까지 딜런이 만든 최고의 음반 중의 하나라는 느낌을 더욱더 갖게 된다"[12]고 하였다.

그룹 '롤링 스톤즈(Rolling Stones)'의 기타리스트인 키스 리

차즈(Keith Richards)는 딜런이 가스펠로 돈벌이를 하려고 한다면서 그를 "이윤의 예언자(the prophet of profit)"라고 비꼬았다. 실제로 딜런이 연이어 세 장의 가스펠 음반을 내면서 얼마나 많은 "이윤"을 얻었는지는 불분명하다. 그러나 분명한 것은 이런 작업들이 대중 가수로서 그의 경력에는 일종의 자살 행위(career suicide)였던 것은 분명하다. 세 장의 가스펠 음반을 낸 후 딜런은 이 음반이 보여준 세계에 대한 아무런 '작별' 혹은 '포기'의 언급도 없이 또 다른 자신만의 음악의 세계로 넘어갔다. 어쨌든 이 시기는 대중 가수 딜런에게 있어서 격심한 통증의 시기였고, 그 고통이 심해서였는지 자신의 자서전 『연대기들』에서도 이 시기에 대한 언급은 슬쩍 건너뛴다. 그러나 1984년 6월 21일 잡지 『롤링 스톤』과 가진 다음의 인터뷰는 그가 여전히 '진지한' 크리스천임을 잘 보여준다.

기자: 《느린 기차가 와》, 《구원 받은》, 《샷 오브 러브》, 이 세 앨범들은 일종의 다시 태어난 종교적 경험(born-again religious experience)에 영감을 받아서 만든 것들인가요?

딜런: 전 그것을 절대 그렇게 부르고 싶지 않아요. 나는 다시 태어났다고 말한 적이 결코 없거든요. 그것은 미디어가 만들어낸 용어입니다. 나는 내가 불가지론자(agnostic)라고 생

각하지 않아요. 나는 항상 어떤 초월적인 힘을 가진 존재(a superior power)를 생각해왔어요, 즉 이 세상은 진짜가 아니고 앞으로 도래할 세상이 있다고 말이지요. 즉 어떤 영혼도 죽지 않았으며 모든 영혼은 신성(holiness) 안에서든, 불꽃 안에서든 살아있다고 생각해왔어요. 물론 아마도 많은 중간 지대(middle ground)가 있을지도 모르지만 말입니다.

(……)

기자: 당신은 문자 그대로 『성경』을 믿는 사람입니까?

딜런: 네, 분명히요. 나는 성경을 문자 그대로 믿는 자입니다.

기자: 『구약』과 『신약』은 둘 다 똑같이 정당한 것인가요?

딜런: 저에게는요.

기자: 당신은 어떤 교회나 교회 모임(회중 synagogue)에 속해 있나요?

딜런: 그렇지는 않아요. 어, 독한 마음의 교회(the Church of the Poison Mind)에 속해 있지요[웃음].[13]

이런 인터뷰를 보면 딜런이 돈벌이를 위해 가스펠을 했다는 주장은 거의 근거가 없다. 실제로 《느린 기차가 와》는 백만 장 이상이 팔렸고(돈벌이가 되었고) 딜런에게 그래미상을 안겨줌으로써 명예까지 보너스로 가져다주었지만, '돈벌이' 자체가 그의 목적은 아니었다. 오히려 이 음악은 미국 크리스천 음악의 중대한 전환점이 되었으며, 딜런이 세 장의 음반을 낸 후 그 자리를 떠나자, 기독교 음악 산업은 아미 그랜트(Amy Grant), 마이클 스미스(Michael W. Smith) 등 그들만의 본격적인 크리스천 음악가들을 양성한다. 그러나 딜런의 "크리스천 시기(Christian periods)"가 없었다면, 그들이 그렇게 주목을 받게 되었을지는 의문이다.[14]

"크리스천 시기"의 이전에도 그리고 그 이후에도 기독교적 주제는 딜런에게 있어서 사실상 새로운 것이 전혀 아니다. 『밥 딜런: 영적인 삶 *Bob Dylan: A Spiritual Life*』(2017)의 저자인 스캇 마샬(Scott M. Marshall)의 분석에 따르면, 밥 딜런은 그가 공식적으로 기독교의 전도사로 나서기 전인 1961년에서 1978년에 이르는 시기에도 자신의 노래에 무려 89번이나 성경의 구절을 언급했다.[15] 이런 점에서 크리스천 담론은 딜런의 변수(變數)가 아니라 상수(常數)이다. 그는 언제나 그 안에 있었고, 지금도 그 안에서 영혼의 피를 흘리고 있다.

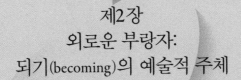

제2장
외로운 부랑자:
되기(becoming)의 예술적 주체

뉴욕에 온 부랑자

1961년 2월, 밥 딜런(Bob Dylan)은 뉴욕의 그리니치 빌리지(Greenwich Village)에 처음 발을 들여놓았다. 당시 밥 딜런의 정체를 아는 사람은 아무도 없었다. 아일랜드 가수 리암 클랜시(Liam Clancy)가 말한 대로 그는 "그리니치 빌리지라는 온실에 잽싸게 스며들어와 줄담배나 피워대는 아기천사"[1]이었거나, 그곳에 떠돌던 수많은 이름 없는 예술가들처럼 그저 '있을 수 있는 부랑자' 중의 한 명에 불과했다. 당시에 그리니치 빌리지에는 뿌리와 역사를 감추거나 지운 예술가들이 득실거렸다. 그들에게 있어서 정체성이란 출신 성분이나 가계(家系)가 아니라 자신들의 작품이었다. 그들에게 있어서 주체성은 지속적으로 만들어가는 것이었지 이미 만들어진(ready-made) 것이 아니었다. 그리하여 아직 자신의 고유한 예술세계를 형성하지 못한 예술가들은 허풍이나 거짓말로 자신들의 '기원'과 '역사'를 떠벌리기 좋아했는데, 열아홉 살 얼치기 청년 밥 딜런도 예외는 아니었다.

미국 중북부 미네소타(Minnesota)주, 히빙(Hibbing) 출신의 평범한 유대인 가정 출신이었던 로버트 알렌 짐머만(Robert Allen Zimmerman)은 자신이 좋아하던 시인 딜런 토마스(Dylan Thomas)를 따라 이름을 밥 딜런으로 바꾸고 자신을 '산전수전' 다 겪은 부랑아로 꾸며댔다. 그때까지 그는 기껏해야 외진 광산촌이었던 고향 히빙에서 친구들과 취미 삼아 록밴드를 하거나 당시 유행하던 록과 포크 음악을 라디오로 즐겨 듣던 청소년이었고 미네소타 대학의 불성실한 신입생에 불과했다. 무대 경험이라고는 고등학교의 강당과 미네소타대학 주변의 카페나 술집에 몇 번 서본 것이 전부였다. 그는 자신에 대하여 '정직하게' 털어놓으라는 레코드 회사의 직원에게 자신은 일리노이 출신이며 열 가지도 넘는 직업을 전전하였고, 한때는 제과점 트럭을 몰기도 했으며, 디트로이트의 건축 공사장에서 노동일을 한 떠돌이라고 거짓말을 하였다. 집에서는 오래전에 쫓겨났으며 가족들의 근황도 전혀 모른다고 둘러댔다. 뉴욕에 올 때도 화물열차를 타고 왔다고 말함으로써 그는 자신을 밑바닥 인생을 전전한 부랑자 이미지로 고정시키는 데 성공한다. 사실 그는 화물열차가 아니라 멀쩡한 4도어 세단을 얻어 타고 뉴욕으로 왔었다.[2]

밥 딜런이 데뷔할 당시 자신의 이미지를 '부랑자'로 신화화한 것은 큰 의미를 갖는다. 그는 자신도 모르게 자신이 지향하는 '이상적' 주체의 모습을 드러낸 것이다. 그는 평범한 '범생이'로 존재하는 것을 애저녁에 거부했으며 제도나 규범 혹은 통념의 아들이 되는 것을 혐오했다. 말하자면 그는 출발부터 '부랑자,' '떠돌이'라는 규정 불가능한 '액체적' 주체를 설정하였고 지금까지 60년에 가까운 무대 생활을 통하여 그를 실천해왔다. 첫 스튜디오 앨범인 《밥 딜런 *Bob Dylan*》(1962) 트랙에 실려 있는 〈횡설수설 노름꾼 윌리 Rambling, Gambling Willie〉는 국외자, 아웃사이더로서 떠돌이의 삶을 살던 한 노름꾼의 이야기를 담고 있다. 이 노래는 어쿠스틱 기타 반주의 단순하고도 경쾌한 멜로디(노래)와 한 떠돌이 노름꾼의 비극적 일대기(가사)를 낭만적으로 결합시킨 컨트리 발라드이다.

그는 백악관에서 그리고 철도역 구내에서 노름을 했지
사람들이 있는 곳마다, 윌리가 있고 그의 카드가 있었다네
그는 최고의 노름꾼으로 평판이 자자했네

윌리가 마을에 오면 부인들은 남편들을 집에 잡아놓곤 했지

그래 한판 벌리는 거야, 윌리, 한판 하자고

돌려, 윌리, 돌려

어디서 당신이 노름을 하건 누구도 제대로 알지 못했지

   -〈횡설수설 노름꾼 윌리 Rambling, Gambling Willie〉 부분

  이 노래는 마지막 3행을 후렴으로 반복하면서 무려 8절까지 길게 이어진다. 문학에서 서사시(epic), 로맨스(romace)와 더불어 이야기 시(narrative poetry)의 대표 장르 중의 하나인 전통 발라드(ballad) 역시 단순한 후렴을 반복하면서 내러티브를 서서히 발전시키는 형식(점증 반복 incremental repetition)을 가지고 있는데 이 노래도 이와 유사하다. 이 노래 속의 윌리는 온 세상을 떠돌면서 놀음을 하는데 줄거리를 따라가다 보면 그 이유가 마누라와 자식들을 먹여 살리고 "병들고 가난한 자들"을 돕기 위해서라는 사실을 알게 된다. 아무도 이 사연을 몰랐는데 결국 그는 돈을 몽땅 날린 어떤 사람에 의해 머리에 총을 맞고 죽는다. 이 죽음의 이야기 끝에서도 위의 후렴은 반복된다.

  첫 앨범에는 이 노래 외에도 〈고속도로 위에서 Standing on the Highway〉, 〈길 위의 남자 Man on the Street〉, 〈내 발자국을 따라 걷다 죽게 해주오 Let Me Die in My Footsteps〉,

존 바에즈

〈집시 루 Gypsy Lou〉, 〈오랫동안 떠나 돌아가지 않으리 Long Time Gone〉 같은 노래들이 실려 있는데, 제목에서도 드러나다시피 일관되게 국외자, 아웃사이더, 부랑자들의 '길 위의 삶'을 소재로 하고 있다. 첫 앨범에서의 이런 징후들은 그가 출발부터 정처 없는 '유목의 공간(nomadic space)'에 스스로를 밀어 넣고 있음을 잘 보여준다. 이런 점에서 그가 지금까지 내놓은 38개의 스튜디오 앨범들은 '반복'이 아니라 '차이'의 생산이었으며, 정주(定住)를 거부하는 유목의 예술가가 거쳐 온 수많은 고원(高原)들이다. 〈횡설수설 노름꾼 윌리〉의 마지막 후렴 "어디서 노름을 하건 그대를 제대로 아는 이 아무도 없지"처럼 밥 딜런이 어떤 주제로 어떤 장르의 음악을 할지 그것을 제대로 아는 사람은 없었다. 첫 앨범에서 그가 포크, 발라드, 블루스로 뿌리 뽑힌 부랑자들의 삶과 죽음을 노래했다면, 이어지는 앨범들을 통하여 그는 언플러그드(unplugged) 포크를 무기로 하는 저항 음악의 상징으로 부상하였고, 대중들이 그의 저항에 열광하며 최고의 찬사를 보낼 무렵, 갑자기 일렉트릭에 플러그(접속)함으로써 많은 사람들을 실망시켰다. 록으로 전환해 환상적인 기타 연주와 폭발적인 사운드로 다시 기세를 올린 딜런은 이번에는 기독교의 '전도사'로 갑자기 변신함으로써 수많은 사람들을 놀라게 했다. 60년대 초반에 밥 딜런의 연인이었으며 그와 함께 저항의 상징이었던 존 바에즈(Joan Baez)가 팔순을 앞둔 지금까지도 포크의 전설로 일관되게 남아 있는 것과 매우 대조적이다. 한마디로, 존 바에즈가 '범생이' 가수라면, 밥 딜런은 끝없는 '되기(becoming)'의 과정에 있는 '생성'의 예술가이다. 1941년생 동갑인 존 바에즈가 포크계의 모범적이고 건실한 교장 선생님이라면, 밥 딜런은 고통과 번민으로 일그러진, 예민하고도 신경질적인 예술가이다.

유목민 혹은 탈근대적 주체

밥 딜런은 특정한 범주 혹은 하나의 고정된 의미에 갇히는 것을 거부했다. 부랑자 이미지로 가득한 첫 앨범을 냈을 때(21세)부터 평생을 정신적 유목민으로 살아왔으니 어찌 보면 이것은 그의 타고난 성격인지도 모른다. 한 인터뷰에서 고등학교 시절을 회상하면서 그는 다음과 같이 말했다. "학교에서 선생님들은 나에게 모든 게 다 괜찮다(everything was fine)고 가르쳤지요. 그것은 생각하고 받아들일 만한 것이었어요. 교과서에 다 나와 있던 이야기이니까요. 그러나 보세요. 모든 게 다 괜찮지는 않았거든요. 수많은 거짓말들이 난무했고 그것들을 다 참아야 했지요. 다른 친구들도 나처럼 느꼈지만 아무도 떠들지 않았어요. 그들은 규범에서 벗어나는 것이 두려웠거든요. 그렇지만 난 그게 두렵지 않았어요."[3]

　그는 모든 형태의 통념을 의심했고 따졌다. 통념은 알튀세(L. Althusser)의 용어를 빌면 '이데올로기적 국가장치'가 만들어낸 체제 유지 담론이다. 지배이데올로기는 학교와 미디어 같은 국가장치들을 통하여 끊임없이 재생산되며 이렇게 생산된 지배이데올로기는 사회 내에서 이데올로기가 아니라 '통념' 혹은 '상식'의 이름으로 유통된다. 통념은 그 자체 '거대 서사(grand narrative)'의 외피를 가지고 있지 않지만, 주체들의 세부적인 '일상'을 지배하는 힘이다. 대부분의 주체들은 통념 밖으로 나가기를 주저한다. 국외자로서의 소외와 고립이 두렵기 때문이다. 통념은 이런 방식으로 개체들을 결속시키며 공동체의 질서를 유지한다. 그것은 규범 중심의 사회에서 선택과 배제의 원리로 가동되며, 정상(normal)/비정상(abnormal)을 가르는 기준이 된다. 푸코(M. Faucault)의 논리에 따르면 통념의 진리/비(非)진리의 여부는 권력관계(power relation)에 의하여 결정된다. 따라서 당연한 진리로 사회 내부에서 통용되는 '공리(公理 axiom)'들은 그 자체 진리가 아니라, 진리의 외피를 가진 미토스(mythos)인 경우가 많다. 그것은 사실 객관적 지식 혹은 논리로서의 로고스(logos) 혹은 에피스테메(epistēmē)가 아니라 억견(臆見 doxa)이다. 지배이데올로기의 힘은 바로 주체들로 하여금 미토스를 로고스로, 억견을 에피스테메로 착각하게 만드는 데에 있다. 이데올로기가 주체를 호명할 때, 호명을 당한 주체들은 이데올로기의 노예가 된다. 그들은 통념을 진리로 믿으면서 규범 밖으로 나가지 않은 다른 주체들과 결속하고, 그것을 반대하는 자들을 배제한다.

딜런은 이런 의미에서 "모든 게 다 괜찮다"라는 교과서 담론을 "거짓말"이라고 읽었다. 그는 통념을 진리로 받아들이지 않으며, 이런 점에서 스스로 국외자가 되는 것을 두려워하지 않는다. 그렇다면 진리라는 것은 사회가 주는 것이 아니라 스스로 찾아가야 할 것이 된다. 그는 고립을 자청한 유목민이고, 배제의 위험을 선택한 떠돌이이다.

> 나는 저 길고 외로운 길을 걸어 내려가고 있지, 자기
> 내가 어디로 가고 있는지, 나는 알 수 없네
> ―〈너무 깊이 생각하지 마, 괜찮아 Don't Think Twice, It's All
> Right〉 부분

그는 왜 "어디로 가는지" 말해줄 수 없었을까. 간단히 말해 자신도 모르기 때문이다. 왜냐하면 밥 딜런적 주체는 답을 말하는 주체가 아니라 '질문하는 주체(asking subject)'이기

때문이다. 질문하는 주체의 자리를 버리지 않는 자에게 진실은 하나로 고정되지 않는다. 그러므로 딜런은 길을 정해놓고 가는 주체가 아니라 길을 찾아가는 주체이다. 그리고 그 길의 끝은 자신을 포함하여 아무도 모른다.

기분이 어때
기분이 어때
혼자가 되니 어때
집으로 가는 방향도 모른 채
완전히 무명인처럼
구르는 돌처럼?

—〈구르는 돌처럼 Like a Rolling Stone〉부분

"집으로 가는 방향도 모른"다는 것은 의미의 궁극적인 귀소지(歸巢地)가 없다는 말에 다름 아니다. 이런 주체는 규범에서 일탈한 존재이며 따라서 아무도 귀 기울여주지 않는 주체, "완전히 무명인(a completely unknown)"인 주체이다. 그것은 "구르는 돌처럼" 무엇 '되기(becoming)'의 과정 속에 있는 주체이다. 그것은 계속 구르고 있기 때문에 의미를 고정할 수가 없다. 마퀴스(M. Marqusee)가 이 노래를 "잠재적 해방(potential liberation)"[4]의 발라드라고 부르는 이유가 바로 이것

이다. 밥 딜런은 고정된 것에 구멍을 내고, 고체를 액체로 만들며, 진리의 독점을 거부하는 '자유의 전사'이다. 마르크스 (K. Marx)와 엥겔스(F. Engels)가 "모든 견고한 것들은 대기 중에 산산이 무너진다(All that is solid melts into the air)"고 하였듯이, 밥 딜런에게 있어서도 영원히 "견고한 것"은 없다. 그는 모든 것을 의심하는 주체이다.

이런 점에서 볼 때 딜런은 '계몽적' 주체라기보다는 '탈근대적(postmodern)' 주체이다. 그가 첫 앨범 〈밥 딜런〉 이후 두 번째 스튜디오 앨범인 《자유분방한 밥 딜런 The Freewheelin' Bob Dylan》(1963), 세 번째 앨범인 《시대는 변하고 있다 The Times They are A-Changing》(1964)를 통해 저항 음악의 상징으로 떠올랐을 때, 사람들이 그에게 거는 기대는 미국 내의 모든 하위주체(subaltern)들의 평등과 인권을 위해 싸우는 계몽의 전사였다. 그는 노동자와 도시 빈민의 벗이었으며 진보적 학생들과 지식인들, 인종차별에 항의하는 흑인들의 영웅이었고, 낡은 지배이데올로기의 벽에 마구 구멍을 내는 로고스의 전사였다. 1963년 8월 28일 오후, 워싱턴에 모인 20여만 명의 시위대 앞에서 그가 〈배가 들어올 때 When the Ship Comes in〉를 부를 때 그는 신화의 바리케이드를 불태우는 이성(reason)의 예언자였다.

오 그때가 오리라

바람이 멈출 때

그리고 미풍이 숨쉬기를 멈출 때

허리케인이 불기 전

바람 속의 고요처럼

배가 들어올 그 시간에

오 바다들은 갈라지리

그리고 배는 물결을 치리

그리고 바닷가의 모래들은 흔들리리

그러면 조수는 울려 퍼지고

그리고 바람은 마구 두드리리

그리고 아침이 밝아오리

오 물고기들이 웃으리

그들이 길 밖을 헤엄칠 때

그리고 갈매기들이 미소 지을 때

그리고 모래 위 바위들은

자랑스레 서 있으리

배가 들어올 그 시간에

그리고 배를 혼란시키기 위해
사용되는 말들은
말해지는 순간 이해되지 않으리
왜냐하면 바다의 사슬이
밤새 부서져
대양의 밑바닥에 묻힐 것이므로

(……)

오 적들은 일어나리
아직도 잠에서 덜 깬 눈으로
그리고 그들은 침대에서 벌떡 일어나 꿈을 꾸고 있다고 생각하리
그러나 자기 살을 꼬집어보고 나서 꽤액 비명을 지르리
그리고 알리 이게 모두 현실이라는 것을
배가 들어올 그 시간에

그러면 그들은 양 손을 들어 올리리
당신들의 모든 요구대로 하겠다고 말하면서
그러나 우리는 뱃머리에서 외치리 너희들은 이제 끝장이라고
그리고 파라오의 부족처럼

그들은 조수에 빠져 죽으리

골리앗처럼, 그들은 정복 당하리

　　　　　—〈배가 들어올 때 When the Ship Comes in〉 부분

　스물두 살 가냘픈 몸매의 앳된 청년이었던 밥 딜런은 하모니카를 목에 걸고 통기타를 두드리며 수십만 명의 시위대 앞에서 '적들의 죽음'을 노래했다. 이 노래에서 웃는 "물고기"와 미소 짓는 "갈매기"는 통념의 이데올로기를 조롱하고 야유하는 민중의 상징이다. "배를 혼란시키기 위해 사용되는 말들"은 이제 진리의 로고스 앞에서 더 이상 "이해되지 않"게 된 헛된 신화의 노래이다. 마치 영국 낭만주의 시인인 윌리엄 블레이크(W. Blake)의 예언시들을 연상케 하는 이 노래의 가사는 진리에의 헌신과 예언적 확신으로 가득 차 있다. 이 노래는 1960년대 미국 사회의 '계시록'이다. 그가 저항 가수로서 최고의 찬사를 받던 이 시절은 공공의 적과 단독자인 밥 딜런의 적이 정확히 일치하던 시기이다.

　뉴욕에 올 때부터 밥 딜런은 포크계의 살아 있는 전설이었던 민중 가수 우디 거스리(Woody Guthrie)를 염두에 두었으며, 딜런이 뉴욕에 도착했을 때 그는 무도(舞蹈)병에 걸려 죽어가고 있었다. 딜런의 첫 앨범 중 딜런이 만든 유일한 두 곡 중 한 곡이 바로 〈우디에게 바치는 노래 Song to Woody〉였

다. 당시 그에게 있어서 우디 거스리는 스승이었으며 도달해야 할 목표였다. 딜런은 (62세 때) 한 인터뷰에서 다음과 같이 말한다. "나에게 있어서 우디는 모든 것이었고 모든 목표였다.""동시에 우디의 노래들은 모든 것에 관한 것이었다. 그것들은 가난한 자들과 부유한 자들, 흑인들과 백인들, 삶의 고저(高低), 학교에서 가르치는 것과 실제로 일어나는 것 사이의 모순들에 관한 것이었다. 그는 자신의 노래들 속에서 모든 것을 이야기하고 있었는데, 나는 그것을 느낄 수는 있었으나 방법을 몰랐다.""나는 그런 노래를 들어본 적이 없다. 내가 아는 모든 것은 오로지 그의 노래들을 배우고 싶다는 것이었다."[5]

시민운동, 인종차별 반대운동, 반전운동 등이 한창 타올랐던 1960년대의 미국은 가뜩이나 우상 파괴적인 성향을 가지고 있었던 밥 딜런이라는 화염병에 불을 붙였다. 병석의 우디 거스리가 더 이상 활동을 할 수 없게 되자 대중들은 밥 딜런에게 시선을 돌렸다. 이제 밥 딜런은 미네소타 출신의 어벙이 청년이 아니라 진보적인 각종 시민단체, 대학생 조직, 노조, 좌파 언론들의 다윗이 되었고, 그의 노래는 다윗의 돌팔매가 되었다. 이렇게 공공(公共) 주체(public subject)와 사적 주체(private subject)가 점점 더 일치해갈 때 밥 딜런은 환호하지 않았다. 대중들은 그에게 더욱 열중하였으나, 그럴수록 그는 점점 더 숨이 막혔으며 깊은 불안감에 빠졌다. 그는 자신이 진보적인 시민 조직의 요구에 맞는 인물로 '만들어지는' 것을 견디지 못했다. 네 번째 스튜디오 앨범인 《밥 딜런의 다른 면》(1964)을 제작할 무렵 밥 딜런은 동료에게 이렇게 말한다. "난 이제 사람들을 위해서 더 이상 노래를 쓰고 싶지 않아. 당신도 알잖아, 난 대변인이 되고 싶지 않다고. 이제부터 내 안에서 나오는 것을 쓰고 싶어. 내가 쓰고 싶은 방식은 내가 이야기하거나 걷는 것처럼 내 안에서 자연스레 흘러나오는 것이기 때문이야. (……) 난 그 어떤 운동의 일부가 아니야. 어떤 조직과도 함께할 수가 없다고."[6] 밥 딜런의 이런 태도는 단지 그가 특정 조직에 속하기를 거부하는 자유인이기 때문에 나오는 것이 아니다. 이것은 세계를 대하는 그의 원래의 입장과 관계가 있는 것이다. 앞에서 밥 딜런을 '계몽적' 주체가 아니라 '탈근대적' 주체라 하였거니와, 그는 대중들에게 정해진 무언가를 가르치고 설교하려 하지 않았다. 그는 이미 완성된 로고스를 전하는 주체가 아니라 끊임없이 질문을 던지는 주체였다. 그는 저항 가수로서 "설교를 하는 순간 내가 나의 적이 되는 것을 두려워하지 않았다"(《내 인생의 뒤안길 My Back Pages》)는 사실을 뼈아프게 반성한다. 이 노래의 후렴에 나오는 "그때 난 훨씬 더 늙었고/ 지금은 그때보다 더 젊지"라는 고백이 그것이다. 이 노래는 그가 저항 가수로 화석화되는 것을 거부하며 새로운 방향성을 제시했던 네 번째 앨범 《밥 딜런의 다른 면》에 실려 있다. 그때가 지금보다 훨씬 더 늙었다는 것은 바로 '꼰대'가 되고 싶지 않다는 고백이다. '꼰대'란 진리를 독점하며 자기 성찰을 하지 않는 늙은 주체의 다른 이름이기 때문이다. 꼰대가 아닌 자들은 설교를 하는 순간, 자신이 자신의 적이 되는 것을 아는 자이다. 밥 딜런은 한 인터뷰에서 "나는 사물들을 규정하는 데(defining) 익숙하지가 않아요. 그 노래가 어떤 것에 관한 것이라고 말할 수 있을 때조차도 난 그러고 싶지 않거든요."[7]라고 말한 적이 있는데, 이 말이야말로 밥 딜런이 세계를 대하는 태도를 잘 요약해준다. 사물을 '규정'하는 순간 지식과 정보의 위계가 생겨난다. 모든 형태의 규정은 중심을 설정하는 행위이며 어떤 것을 '중심'으로 설정하는 순간, 다른 것들은 '주변'으로 밀려난다. 데리다(J. Derrida)가 '로고스중심주의(logocentrism)'로 비판하는 서양철학의 전통은 이렇게 진리를 독점하고 진리의 위계를 세우는 작업이었다. 밥 딜런은 모든 형태의 위계를 거부한다는 점에서 우상 파괴적이며 반(反)로고스적(anti-logos)이다. 그는 '아버지의 법칙(Father's Law)'에 의해 지배되는 60년대 미국의 권위적, 가부장적, 남성 중심적, 백인 중심적 전통에 도전했지만, 그것에 반대하는 진보 담론이 또 다른 '중심,' 즉 또 다른 권력이 되는 것에 동의하지 않았다. 인간이 생산한 모든 담론 중 그 어떤 것도 절대적이고도 영속적인 진리란 없다는 것이 딜런의 입장이었다는 점에서 딜런의 사유는 탈(脫)근대적이고 해체론적이다.

사실 이런 입장은 딜런이 저항 가수로서 절정에 있을 때 부른 노래인 〈바람 속에 불고 있어 Blowin' in the Wind〉에도 이미 나와 있다. 그는 유목민의 동물적인 감각으로 한 고원의 절정에 있을 때 이미 다른 고원으로의 이동이 불가피함을 알고 있었던 것이다.

> 얼마나 많은 길을 걸어 내려가야
> 인간은 사람이 될 수 있을까?
> 그래, 그리고 흰 비둘기는 얼마나 많은 바다를 항해해야
> 모래 속에 잠들 수 있을까?
> 그래, 얼마나 자주 포탄들이 날아가야
> 영원히 금지될 수 있을까
> 내 친구여, 대답은, 바람 속에 불고 있지
> 대답은 바람 속에 불고 있어
>
>   —〈바람 속에 불고 있어 Blowin' in the Wind〉 부분

밥 딜런의 노래 중 세계적으로 가장 널리 알려졌으며 수많은 가수들의 커버 버전(cover version)들을 양산했던 이 노래

의 후렴처럼, 딜런에게 있어서 정해진 진리는 없다. 진리란 불어오는 바람처럼 유동적이며, 바람을 독점할 수 없듯이 그 누구도 진리를 독차지할 수 없다. 사실 이 노래는 밥 딜런을 저항 음악의 기수로 만들었던 두 번째 스튜디오 앨범《자유 분방한 밥 딜런》, (1963)에 발표되었지만, 실제로 이 노래가 만들어진 것은 1962년 초봄이었고, 이 노래를 초연할 당시 딜런은 "지금 부를 이 곡은 저항곡이 아니며 그런 식의 무엇도 아니다. 왜냐하면 나는 저항곡을 쓰지 않기 때문이다"[8]라고 하였다. 그는 저항의 한 가운데에 있을 때부터 이미 저항이 자기 음악의 '전부'는 아니라고 생각하고 있었던 것이다.

시적 주체의 탄생

《밥 딜런의 다른 면》은 과도기적 앨범이다. 이 앨범을 통하여 부랑자 딜런은 저항 가수의 고원에서 '시적인 로커(poetic rocker)'의 고원으로 넘어간다. 물론 시의 고원에도 저항의 메시지는 존재한다. 그러나 시적 언어는 저항마저도 의심하는 언어이며, 저항에 저항하는 언어이고, 이런 점에서 저항보다도 더 지속적인 저항의 언어이다. 시적 언어는 혼란을 자초한다. "춤추는 별을 탄생시키기 위해서 당신은 당신의 영혼 안에 혼란을 필요로 한다"는 니체(F. Nietzsche)의 전언은 정확히 시적 언어의 문법에 해당된다. 시적 언어는 '정치적 올바름(political correctness)'마저도 의심하는 질문의 언어이며 모든 형태의 권위와 위계를 거부하는 언어이다. 시적 언어는 의미가 결정되는 순간 그것으로부터 도망치는 언어이다. 시적 언어는 이런 점에서 고체의 언어가 아니라 유체(flux) 혹은 액체의 언어이다.

난 네가 원하는 사람이 아니야, 자기야

난 네가 필요로 하는 사람이 아니야

당신은 누군가를 찾고 있다고 말하지

결코 약하지 않고 항상 강한 사람을

당신을 보호하고 지켜줄 사람을

당신이 옳건 그르건

모든 문마다 다 열어줄 누군가를

그러나 그건 내가 아니야, 자기

아니야, 아니야, 아니지, 그건 내가 아니야, 자기

난 네가 찾는 사람이 아니야, 자기

— 〈그건 내가 아니야, 자기 It Ain't Me, Babe〉 부분

부정어가 반복되는 후렴 "아니야, 아니야, 아니지, 그건 내가 아니야, 자기(No, no, no, it ain't me, babe)"는 그를 진리와 정의의 화신으로 세우려는 60년대 미국의 대중들에게 고하는 절절한 고별의 메시지이다. 딜런은 자신이 "옳건, 그르건"

무엇이든지 "보호하고 지켜줄 사람"이 아님을 고백한다. 한마디로 자신은 신도, 영웅도 아니니 그런 역할을 맡기지 말라는 것이다. 한 번 옳은 것이 영원히 옳다는 보장은 없다. 시인은 모든 견고한 것들에 지속적인 질문을 던지는 자이다. 누가, 어떤 집단이 감히 자기 담론의 영속적인 '무오류성'을 주장할 수 있다는 말인가. 이런 점에서 시인은 스스로를 혼란과 유랑의 어둠으로 밀어 넣는 아나키스트들이다. "난 리버럴이야, 그러나 모든 사람이 자유롭길 바라는 선까지만 그래(I'm liberal, but to a degree I want to everybody to be free)"(〈난 자유로워질 거야 No. 10, I Shall Be Free No. 10〉)라는 딜런의 고백은 정치적 '리버럴'보다 '자유'가 그에게 더 소중한 가치임을 잘 보여준다. 딜런에게 있어서 자유는 그 자체 정해진 어떤 것이 아니라, 모든 규범으로부터 벗어난 '열린 상태' 자체를 의미한다. 그러므로 자유는 현재진행형이며 동시에 도래할 어떤 것이고, 영원히 추구해야 하는 어떤 것이다. 그러므로 한시적 가치인 '리버럴'보다 더 지속적인 가치인 것이다. 딜런에게 있어서 정치적 '리버럴'은 자유의 어떤 단계로 자신을 '태워다주는 것(vehicle)'이지 영속적인 가치가 아니다.

　이제 지금쯤 당신들은 아마도 헷갈릴 거야
　이 노래가 도대체 무엇에 대한 것인지

여기 이게 도대체 무엇을 위한 것인지

당신들은 아마도 더 당황할 거야

　―〈난 자유로워질 거야 No. 10, I Shall Be Free No. 10〉부분

　저항 가수로서 환호의 절정에 서 있던 딜런이 "난 자유로
워질 거야"라면서 "여기 이게 도대체 무엇을 위한 것인지
당신들은 아마도 더 당황할 거야"라고 했을 때 그를 저항 가
수로 신화화하던 대중들은 당혹감을 느꼈을 것이다. 그러나
이 대목에서 딜런은 사회적 저항의 정당성을 부정한 것이
아니라, 그것만이 세계의 전부이고 나머지는 무의미한 것이
아님을 말하고자 했던 것이다. 딜런은 '저항 가수'라는 범주
화를 거부하며, 인간 존재의 '모든 것'을 건드리기를 원했던
것이다.

　지금까지 살펴본 것을 종합적으로 고려해볼 때 딜런은 타
고난 시인이고 예술가이다. 그는 시인과 예술가에 대한 개
념적 지식을 갖기 훨씬 이전부터 이미 시인이었고 예술가였
다. 그는 처음부터 로고스의 신인 아폴로(Apollo)보다는 혼
란과 열정, 생성과 창조의 신인 디오니소스(Dionysus)의 사
도였다. 그리하여 그는 완결된 존재가 아니라 늘 비결정성
(indeterminacy)의 상태에 있었으며, 생성 혹은 '되기'의 과정
에 있었다. 그는 자신의 존재가 '영토화(territorialization)'되려

는 순간 '탈(脫)영토화'함으로써, 모든 곳에 존재하되 아무 곳에도 존재하지 않는 존재였다.

무려 2만 2,000자가 넘는, A4 아홉 장 분량의 2016년 노벨문학상 수상 연설문은 문학에 대한 그의 깊은 애정으로 가득 차 있다. 여기에서 그는 다음과 같이 말한다. "나는 노래의 의미에 대해 내가 반드시 알아야만 한다고 생각하지 않는다. 나는 내 노래들 속에 모든 종류의 사물들에 대하여 써넣었다. 그러나 나는 그것들이 모두 무엇을 의미하는지 걱정하지 않을 것이다. 멜빌(H. Melville)이 구약 성경 내용, 과학이론, 프로테스탄트의 교리들 그리고 바다와 범선들과 고래에 관한 그 모든 지식들을 하나의 이야기에 넣을 때, 그도 그 모든 것이 무엇을 의미하는지에 대해 걱정했을 것이라고 나는 생각하지 않는다." 여기에서 멜빌이 쓴 "하나의 이야기"[9]는 바로 『모비 딕 *Moby-Dick; or, The Whale*』(1851)을 말한다. 멜빌의 『모비 딕』이 가히 '세상의 모든 지식들'을 담고 있음에도 불구하고 의미를 고정시키지 않는 '열린 텍스트'라면, 딜런은 바로 자신의 노래야말로 의미의 종결(closure)이 아니라 열림을 향해 있다고 말하고 있는 것이다. 딜런의 노래가 매우 자주 '도대체 뭔 이야기를 하고 있지'라는 느낌을 준다면 그것은 바로 이런 이유 때문이다. 시는 이런 점에서 모든 것에 관해 말하되 정해진 답을 주지 않는, 영원한 질문의 언어이다. 밥 딜런 음악의 문법은 이런 점에서 시의 문법과 일맥상통한다. 딜런은 노벨상 수상 연설문에서 멜빌의 『모비 딕』에 관하여 길게 언급하면서 다음과 같이 말한다. "이 작품 안에는 모든 것이 섞여 있다. 모든 신화들, 가령 유대 기독교 신화, 힌두교 신화, 영국의 전설들, 제오르지오 성인(St. George), 페르

멜빌의 『모비 딕』 표지.

세우스(Perseus), 헤라클래스(Hercules) 등은 모두 이 소설의 고래들이다."[10] 딜런의 음악 역시 정치·사회적 문제뿐만 아니라 세상의 모든 "고래들"에 관해 이야기하지만, 이 고래들은 그 어느 섬에도 정착하지 않는다. 에이헙 선장(Captain Ahab)의 작살을 피해 끊임없이 도망치는 모비 딕처럼, 딜런의 음악은 그 어떤 의미의 닻에도 포획되지 않는다. 그의 음악을 어떤 식으로든 고정시키려는 사람들은, 마치 작살로 명중시켰으나 고래에게 끌려 바다 밑으로 침몰한 에이헙 선장처럼 마침내 포획에 실패하고 말 것이다.

나는 거기에 없네

2005년, 마틴 스콜시즈(Martin Scorsese) 감독이 발표한 다큐멘터리 영화 〈집으로 가는 길은 없네 No Direction Home〉는 무려 네 시간에 가까운 러닝타임을 통해 밥 딜런의 예술세계를 다양한 각도에서 자세히 다룬다. 이 영화에는 딜런에게 큰 영향을 주었으며 60년대 미국을 대표하던 비트(Beat) 시인 알렌 긴즈버그(Allen Ginsberg), 2집 앨범《자유분방한 밥 딜런》표지에 밥 딜런과 함께 나타났던 딜런의 애인 수즈 로토로(Suze Rotolo), 딜런과 애증의 관계였던 가수 존 바에즈, 포크계의 전설 피트 시거(Pete Seeger) 등 주변의 다양한 인물들이 등장해 밥 딜런이라는 한 '세계'를 다

마틴 스콜시즈 감독

각도로 직조한다. 이 다큐에서 딜런은 "나는 생각보다 훨씬 멀리서 태어났다. 나는 지금 집으로 가고 있는 중이다." 라고 말하고 있는데, 여기에서 집은 그가 태어난 미네소타주의 히빙이라는 물리적 고향을 지칭하는 것이 아니다. 딜런이 그곳으로 돌아갈 하등의 이유가 없다. 그의 고향이 "생각보다 훨씬" 멀며 그가 아직도 그곳으로 "가고 있는 중"이라는 말은 역설적이게도 그에게 있어서 고향이 과거의 공간이 아니라 도래할 미래임을 알려준다. 고향이란 그에게 마지막 거처할 곳, 자신의 음악이 도달해야 할 터미널을 의미한다. 그런데 그곳으로 갈 길이 없다는 말은 무슨 뜻인가. 벤지아모(Ben Giamo)의 지적대로 "만일 그가 어딘가로 돌아간다면, 그곳은 풍요로운 의미에서의 개방성(openness), 비결정성(indeterminacy)이다. 그것은 홈커밍(homecoming)처럼 안정되고 친숙한 어떤 것으로의 회귀가 아니라 가능성, 재발명(reinvention), 존재(being)와 되기(becoming) 사이의 논쟁으로의 회기이다."[11]

밥 딜런 예술의 이와 같은 '개방성'과 '비결정성'을 가장 잘 보여주는 영화는 토드 헤인즈(Todd Haynes) 감독이 2007년에 발표한 〈나는 거기에 없네 I'm Not There〉이다. "밥 딜런의 음악과 다양한 삶(many lives)에 영감을 받아" 이 영화가 만들어졌다는 캡션과 사운드 트랙으로 들어가는 노래 외에 이 영화는 한 번도 밥 딜런이라는 이름을 직접 거론하지 않는다. 물론 엔딩은 1966년 밥 딜런의 콘서트 장면으로 끝나지만, 이 영화는 그 의도상 '밥 딜런'이라는 이름을 호명할 수도 없으며 호명해서도 안 된다. 왜냐하면 밥 딜런은 "거기에," 그리고 아무 곳에도 없다는 것이 이 영화의 메시지이기 때문이다. 팔순에 가까운 나이에 지금도 연평균 100회 이상의 투어 콘서트를 하고 다니는 실물의 밥 딜런이 '없다'니, 이건 도대체 무슨 말인가. 이 영화는 밥 딜런이 단수가 아닌 복수이며, 통합된 주체(unified subject)가 아닌 '분열된 주체(split)'임을 보여준다. 이 영화에 소개된 여러 면모들

("many lives") 중의 하나로 딜런을 고정하는 순간, 밥 딜런은 사라진다.

이 영화는 실제로 상호 연결되지 않는 여섯 명의 인물을 중심으로 이루어진 각각 별도의 서로 다른 내러티브들로 구성되어 있다. 마치 상호 연결되지 않는 다양한 에피소드들을 나열함으로써 (아리스토텔레스적 의미의) 플롯의 통일성(unity)을 의도적으로 깨뜨리는 브레히트(B. Brecht)의 서사극(epic theater) 같다. 이 영화에 등장하는 인물들은 열아홉 살의 프랑스 상징주의 시인 랭보(Arthur Rimbaud), 저항가요의 상징이었다가 로크로 전향한 후 성직자가 되어 가스펠을 부르는 잭 롤린즈(Jack Rollins), 자칭 우디 거스리인 열한 살의 떠돌이 미국 소년, 사랑에 빠진 22세의 청년 배우 로비 클라크(Robbie Clark), 로큰롤의 대가가 되었으나 마약에 중독되고 오토바이 사고로 죽는 주드 퀸(Jude Quinn), 그리고 불의한 관료에 맞서 싸우다 감옥에 간 빌리 맥카티(Billy McCarty)이다. 이 여섯 명의 인물들은 그 어느 것도 중심이 아니다. 그것들은 서로에게 보충물(supplement)이며 동시에 대체물(substitution)이다. 이 영화는 탈중심화된(decentered) 내러티브이므로 시작도 끝도 없다. 이야기의 순서를 뒤집거나 바꾸어 놓아도 아무런 상관이 없다. 이 영화 속의 내러티브들은 위계와 중심이 없이 단지 환유적으로 겹쳐 있을 뿐이다. 그리고 이 여섯 개의 페르소나 속에 딜런은 존재하지 않으며 동시에 존재한다. 간단히 말해 이 페르소나들은 밥 딜런이라는 시니피앙(signifiant)의 다양한 산개(散開 dissemination), 즉 흩뿌려진 시니피에(signifié)들이다. 밥 딜런은 마치 유령처럼 무수한 시니피에들의 머리 위를 떠돈다. 딜런은 시니피에의 발위에 흩뿌려져 있다. 흩뿌려져 있는 딜런의 의미소들은 하나로 통합되지 않는다. 그것들은 때로 딜런이라는 시니피앙과 결합되지만 그 합쳐짐은 오직 순간에만 이루어지고 다시 해체되는 것이다. 그리하여 랭보가 "나는 다른 사람이다(Je est un autre/I is another)."라고 말한 것처럼, 밥 딜런은 자신이 부재하는 곳에 존재하며, 존재하는 곳에 부재한다. 라캉(J. Lacan)이 데카르트를 패러디하여 "나는 내가 존재하지 않는 곳에서 생각한다. 고로 나는 내가 생각하지 않는 곳에서 존재한다(I am thinking where I am not, therefore I am where I am not thinking)."고 말할 때의 "나"는 정확히 딜런적 주체와 일치한다. 최근의 한 인터뷰에서 딜런은 다음과 같이 말하고 있다.

"말하자면, 내 생각에 나는 오늘은 이런 모습이었다가 내일은 다른 모습이 되어요. 나는 하루 종일 변합니다. 아침에 잠에서 깨어났을 때 나는 어떤 한 사람이지요. 그러나 밤에 잠을 자러 갈 때 나는 분명히 알아요, 내가 아침과는 다른 사람이라는 것을. 나는 대부분의 시간에 내가 누구인지 모르겠어요."[12]

딜런은 무수한 시니피에의 강물 위를 떠도는 부랑의 시니피앙이다. 그가 잠시 앉은 바위는 곧 다른 시니피에의 물살에 덮힌다. 그는 부유하는 유령이다. 그를 잡았을 때 우리의 손아귀는 텅 비고, 텅 빈 손아귀를 쳐다볼 때 그는 바로 거기에서 떠오른다. 그러므로 하나의 유령을 붙들고 그를 딜런이라고 말할 때, 그 뒤에 다른 딜런의 유령들이 떠도는 것을 우리는 감내해야 한다. 이런 의미에서 그는 열린 텍스트이다. 그를 붙잡고 딜런이라고 호명할 때, 그는 대답한다. "그건 내가 아니에요(It ain't me, babe)."

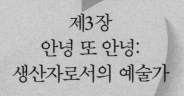

제3장
안녕 또 안녕:
생산자로서의 예술가

생산자로서의 예술가

호르크하이머(Max Horkheimer)에 의하면 "예술은 자율성을 갖게 된 이래로 종교로부터 자취를 감춘 유토피아를 보존해왔다."[1] 이 문장은 (예술을 포함하여) 문화를 대하는 프랑크푸르트 학파(Frankfurt School)[2]의 입장을 잘 요약하고 있다. 그 입장은 다음과 같다. 첫째, 그들에게 있어서 문화는 (상대적일지라도) '자율성(autonomy)'을 가지고 있는 공간이다. 그에 반하여 '속류 마르크스주의(vulgar Marxism)'자들은 문화(혹은 상부구조)의 자율성을 인정하지 않는다. 속류 마르크스주의자들에게 있어서 문화는 물질적 토대(경제)의 기계적 반영물에 불과하다. 이에 대하여 호르크하이머, 아도르노(Theodor

W. Adorno), 마르쿠제(Herbert Marcuse), 벤야민(Walter Benjamin) 등, 프랑크푸르트 학파의 주요 멤버들은 하부구조와 상부구조를 무(無)매개적으로 동일시하는 논리에 반발했다. 그들에 의하면 문화는 하부구조에 의해 일방적으로 결정되지 않는다. 문화를 경제와 동일시하는 것은 지나친 단순화이며 기계적인 발상이다. 둘째, 예술은 유토피아를 지향하며, 이것이 예술로 하여금 현실과 거리를 갖게 해주고, 현실에 대하여 부정적(negative),[3] 비판적 입장을 견지하게 만든다. '유토피아'란 아직 오지 않은 것이며, 앞으로 도래할 그 무엇이다. 유토피아는 현실보다 앞서가며 현실을 '결핍'의 존재로 보게 만든다. 예술은 현실을 결핍의 공간으로 읽음으로써 현실에 도전한다.

한편 프랑크푸르트 학파의 멤버들이 볼 때, 모든 문화가 상대적 자율성을 가지고 있는 것만은 아니다. 그들에게 있어서 '자율적 예술(autonomous art)'은 오로지 고급문화(high art)로서의 전통 예술, 즉 본격 예술을 지칭하는 것이다. 그들이 볼 때 대중문화는 비자율적이고 독점 자본주의 체제에 순응하며 물신화(fetishization)를 부채질하는 독점 자본주의의 상품에 불과하다. 자본주의는 기술의 합리성을 동원하여 문화를 상품화할 뿐 아니라, 문화에 대한 대중들의 욕구까지 자본의 생리에 맞도록 조작함으로써 예술의 비판적 기능을 원천적으로 마비시킨다. 그리고 이와 같은 대중 조작은 마르쿠제가 말한 바 수많은 '일차원적 인간(one-dimensional man)'들을 생산한다. 일차원적 인간이란 독점 자본주의 사회에서 '표준화된(standardized)' 상품이 되어 현실에 대한 비판적 사유 능력을 상실한 개인들을 말한다. 아도르노와 호르크하이머가 기술의 합리성(technical rationality)이 "지배의 합리성(rationality of domination)"[4]을 만들었다고 주장하는 것은 이런 맥락에서이다.

그러나 1950년대 말 이래 영국에서 본격적으로 시작되어 전 세계로 확산된 문화 연구(cultural studies)의 성찰에 의하면, 대중문화에 대한 프랑크푸르트 학파의 이러한 해석은 일견 옳으면서도 단순하고 평면적이다. 호르크하이머와 아도르노는 '저항문화(counter-culture)'로서의 대중문화의 존재를 간과했다. 현대의 문화연구자들에 의하면, 대중문화는 지배 이데올로기의 재생산이라는 순기능만이 아니라, 지배 이데올로기에 저항하는 역기능도 가지고 있다. 대중문화의 이와 같은 이중성 혹은 다중성을 인지하지 않을 때 대중문화는 애물단지가 되고 만다. 문화 산업의 기술이 고도화되면 될수록 대중문화의 사회적 영향력은 점점 더 커지며, 괴물처럼 비대해진 문화 산업은 이제 단순한 비판의 대상이 아니라 정확하고 치밀한 분석의 대상이 되어야 한다.

이런 점에서 발터 벤야민의 이론은 주목할 만하다. 발터 벤야민은 「기계 복제 시대의 예술작품 The Work of Art in the Age of Mechanical Reproduction」(1935)이라는 긴 에세이에서, 소위 "기계 복제" 기술이 발달한 이후에 예술의 지위에 일어난 변화를 다음과 같이 논한다. 기계 복제 시대 이전에 예술은 그 '유일무이성(uniqueness)'과 독창성, 복제 불가능성으로 인하여 제의적이고도 신비로운 분위기, 즉 '아우라(aura)'를 가지고 있었다. 예술의 기원이 종교적 제의였다는 사실이 이를 증명한다. 그러나 영화와 사진의 예에서 보듯이, 예술작품은 복제의 대상이 되면서 그 '컬트(cult)'적 특권, 즉 아우라를 상실했다. 예술작품은 이제 공장의 벨트라인에서 통조림을 찍어내듯이 무한복제가 가능해졌고, 더 이상 종교적 숭배의 대상이 아니다. 그러나 벤야민은 아우라의 상실을 단순히 예술의 상품화라는 부정적인 의미로만 해석하지 않는다. 그에 의하면 거꾸로 복제 기술은 "세계 역사상 처음으로 예술작품을 제의(ritual)에 빌붙어 그것에 의존하는 기생(寄生)의 상태로부터 해방시킨다. (……) (복제 기술에 의하여) 예술의 전반적인 사회적 기능은 혁명화된다. 예술은 제의에 기초를 두는 대신 이제 다른 실천 위에 토대하게 되는데, 그것은 바로 정치(politics)이다."[5]

복제 기술은 소수 귀족들의 전유물이었던 예술을 다수 대중의 손에 넘겨주었다. (자본주의의) 복제 기술에 의하여 다수 대중은 이제 큰 대가나 부담 없이 예술을 향유할 수 있게 되었다. 이제 예술가도 '컬트의 천재'가 아니라 '생산자(producer)'가 되었다. 예술가는 더 이상 신비로운 숭배의 대상이 아니라 '엔지니어'이며, 예술가는 생산력을 극대화함으로써 예술의 '정치'를 수행한다. 벤야민은 예술에 있어서 '기술(technique)'의 개념을 중시하는데, 이는 (형식주의적 관점에서가 아니라) 예술의 생산력이 궁극적으로 예술의 기술에 의해 결정된다는 유물론적 입장에서 그런 것이다. 그에 의하면 "기술의 개념은 형식과 내용의 헛된 대립을 뛰어넘는 변증법적 출발점을 제공한다."[6] 훌륭한 기술은 대중들의 사고를 조작하는 것이 아니라 그들로 하여금 스스로 생각하게 하며, 그들을 단순한 소비자가 아니라 '스스로 말하는 자'로 유도한다. 대중들의 의식화는 메시지의 일방적 전달에 의해 이루어지지 않는다. 그것은 대중들의 자발성이 가동될 때에만 성취된다. 생산자로서의 예술가는 대중들의 자발성을 존중하고, 대중들이 자신들의 '입장'을 가질 수 있도록 도와주는 '기술'의 생산에 주력해야 한다. 이런 점에서 예술가에게 가장 위험한 것은 상투성(클리셰 cliché)이다. 클리셰는 대중들에게 아무런 자극을 주지 못한다. 클리셰는 죽은 예술이다. 이런 점에서 새로움은 예술가의 운명이며, 더 이상 새로워질 수 없을 때, 예술가는 이미 종언의 지점에 와 있는 것이다. 진정한 예술가는 자신의 과거와 끊임없이 작별을 고한다. 그들은 한 곳에 영원히 머물지 않으며 자신과 세계를 끊임없이 '탈(脫)영토화'하는 자들이다.

전통과 개인적 재능

그 누구도 딜런의 음악을 '체제 순응적'이라고 이야기하지 않는다. 그의 음악은 막대한 이윤을 생산하는 '현금 기계'이지만,[7] 그 기계는 자신에게 이윤을 가져다주는 체제를 야유하고 풍자하고 비웃는다. 그의 음악은 그 자체 엄청난 파급력을 가지고 있다는 점에서 벤야민이 이야기한 바 '정치'의 영역에 이미 들어가 있다. 딜런은 이 사실을 잘 알고 있다. 우리가 딜런을 예술가라고 부르는 것은 그가 현실에 매몰되지 않고 그것을 부정하며 '비판적' 거리를 유지하기 때문이다. 딜런의 음악은 (대중문화임에도 불구하고?) 사회적, 개인적 하부구조로부터의 '자율성'을 확보하고 있다는 점에서 예술적이다. 딜런은 유토피아를 지향하며 현실을 영원한 결핍의 공간으로 재현한다는 점에서도 예술가의 계보에 속해 있다. (딜런과 깊은 교우를 나누었으며 그에게 깊은 예술적 영감을 주었던) 비트 시인(Beat poet) 알렌 긴즈버그(Allen Ginsberg)도 딜런의 음악에 대하여 "그것은 주크박스(jukebox)에서도 위대한 예술이 가능한지를 보기 위한 예술적 도전이었고 (……) 딜런은 그것이 가능하다는 것을 증명했다."[8]고 하였다. "주크박스"야말로 아우라가 사라진 시대, 기계 복제 시대의 예술작품의 존재 공간을 상징한다. 그곳에는 아무런 신비도 숭배도 없다. 공장에서 통조림처럼 찍혀 나온 음악은 주크박스에서 동전 몇 푼에 수시로 팔려나간다. 전통적 예술과 달리 주크박스의 음악은 소음 속에 존재한다. 그곳엔 청중의 집중이 없다. 시끄러운 술집 귀퉁이에서 싸구려 스피커를 통해 재현되는 주크박스 음악에 집중하는 사람은 오로지 그것을 선택한 사람 밖에 없다. 딜런의 음악은 이런 환경에서 태어났고 유통되었고 소비되었다. 그러나 주크박스는 도처에 널려 있었으며, 아무나 그것에 접근할 수 있었고, 상류층이 아니더라도 손쉽게 그것의 사용자가 될 수 있었다. 주크박스는 (고급문화에 비해) 터무니없이 싼 값에 예술을 다수 대중들에게 전달하는 유용한 매체였다. 라디오, TV와 더불어 주크박스는 대중문화를 정치의 영역으로 이동시킨 미디어의 상징이다.

무엇보다도 딜런을 '예술가'로 만든 것은 '클리셰'에 대한 그의 강렬한 혐오, 그리고 새로운 것을 향한 그의 끝없는 질주였다. 그는 자신을 스타로 만든 과거가 범주화되는 순간마다 그것을 거부했으며, 다른 고원을 찾아 떠났다. 2012년 그는 격주간 대중문화 잡지인 「롤링 스톤 *Rolling Stone*」과의 인터뷰에서 다음과 같이 말한다. "변신(transfiguration)이라는 말을 들어보셨어요? 그게 바로 제가 지금 여전히 할 일을 하고, 부를 노래를 쓰며, 계속 움직이는 방법이지요. 백만 년이 걸려도 나는 과거로 돌아가 바비(Bobby 과거의 딜런)를 찾을 수 없을 거예요. 당신도, 지구상의 그 누구도 그것을 할 수 없습니다. 과거의 그 바비는 사라지고 없거든요. 할 수만 있다면 나도 돌아가고 싶어요. 지금 이 시간 과거로 돌아가서 바비를 정말로 찾아내고 손을 내밀고 싶다고요. 그리고는 그에게 당신은 이제 친구가 생겼어, 라고 말하고 싶지요. 그러나 나는 그럴 수가 없습니다. 그는 사라졌거든요. 그는 존재하지 않습니다."[9] 이런 주장은 그가 왜 포크에서 일렉트릭으로, 록으로, 포크 록으로, 블루스로, 기독교 복음주의의 전도사로, 끊임없는 "변신"을 행했는지 잘 보여준다. 그에게 있어서 과거는 범주화되는 순간 사라진다. 그는 정주(定住)하자마자 탈주를 꿈꾸는 예술가이다.

그는 예술가란 다름 아닌 생산자이고, 생산자는 생산력을 극대화함으로써만 살아남을 수 있으며, 생산력의 극대화란 새로운 형식을 끊임없이 개발하는 것임을 누구보다 잘 알고 있다. 벤야민의 친구였던 동독의 극작가 브레히트(Bertolt Brecht)가 루카치(György Lukács)를 비판하면서 한 다음의 언급은 그대로 딜런의 통찰과 일치한다. "시간이 흐르면 방법들은 낡게 마련이다. 자극은 떨어진다. 새로운 문제들이 부상하며 새로운 방법들을 요구한다. 현실은 변한다. 그것을 재현하기 위해서는 재현의 양식도 변해야 한다. 그 어떤 것도 무에서 나오지 않는다. 새로운 것은 낡은 것에서 나온다. 그러나 그것이 바로 새로운 것이 새로운 이유이다."[10]

딜런은 자기 노래의 기원이 전통적인 "옛 노래(old songs)"임을 여러 자리에서 밝혔다. 1997년, 「뉴욕 타임즈 The New York Times」와 가진 인터뷰에서 그는 다음과 같이 말한다. "그런 옛 노래들이 나의 어휘이고 나의 기도책입니다. 모든 나의 믿음들이 바로 그 옛 노래들에서 나왔지요. 말하자면 〈그 평화로운 산 위에서 쉬게 해주세요 Let Me Rest on That Peaceful Mountain〉, 〈밝은 면을 보세요 Keep on the Sunny Side〉 같은 노래들이지요. 당신은 이런 옛 노래에서 나의 모든 철학을 발견할 수 있어요. 나는 시간과 공간의 하나님을 믿지만, 사람들이 그것에 대해 질문하면 나는 그들에게 옛 노래들을 가리키지요. 나는 행크 윌리엄즈(Hank Williams)가 부르는 〈나는 빛을 보았네 I Saw the Light〉를 믿습니다. 나 또한 빛을 보았거든요."[11]

딜런은 과거의 유산을 뒤적여 그것을 재배열함으로써 자신의 것을 만들어낸다. 딜런의 손을 거치면 낡아빠진 것들도 '독특한 배합(odd combination)'이 된다. 딜런은 새로움이 낡은 것에서 나오는 것이라는 사실을 잘 알고 있다. 앞에서 인용한 브레히트의 말처럼 그 어떤 것도 무(無)에서 나오지 않기 때문이다. 딜런은 이런 점에서 과거를 잘 발굴할 줄 아는 예술가이다. 청소년기에 있어서 딜런의 과거는 라디오를 통해 형성되었다. 미네소타 오지의 광산촌 히빙(Hibbing)에서 그는 라디오를 통해 그 모든 대중음악의 과거를 만났다. "나(딜런)는 항상 라디오에서 뭔가를 건져내고 있었다. 기차와 종소리처럼 라디오는 내(딜런) 인생의 사운드트랙을 이루는 부분이었다(괄호 안은 필자의 것)."[12] 그는 라디오를 통해 포크, 컨트리 웨스턴, 블루스, 재즈, 록, 컨트리, 리듬앤블루스(R&B), 가스펠 등으로 이루어진 미국 대중음악의 전통을 하나하나 마스터해갔다. 그에게 있어서 노래는 그의 "개인교사였고 현실에 대한 변화된 의식으로 인도하는 가이드였으며, 어떤 다른 공화국, 어떤 해방된 공화국이었다."[13] 라디오와 음악을 통해 그는 실물의 세계에서 벗어나 상상의 세계로 빠져들었다. 다음과 같은 고백을 보라. "어렸을 때 집에 매우 커다란 마호가니 재질로 된 라디오가 있었어요. 꼭대기를 열면 거기에 78 턴테이블(78 rpm 속도의 턴테이블)이 있었지요. 어느 날 그 뚜껑을 열었더니 거기에 컨트리 레코드 한 장이 있는 거예요. 그것을 틀었더니 〈물가에서 너무 멀리 떠내려왔어 Driftin' Too Far from the Shore〉라는 노래가 나오더군요. 그 소리는 마치 내가 아닌 다른 사람(somebody else)인 듯한 느낌을 주었어요. 즉 이곳은 내가 잘못 태어난 곳이라는 느낌 같은 것 말이지요."[14] 그는 음악을 통해 현실로부터 해방되었으며, 현실 너머의 다른 현실로 이동하였다. 그는 광산촌의 평범한 유대인 청년이 아닌 "다른 사람"을 꿈꾸었으며, 이곳이 아닌 '다른' 곳을 찾았다. 그리고 이렇게 만들어진 '상상계(the Imaginary)'는 점차 그의 새로운 '현실'이 되어갔다. "예술가는 현실을 받아들일 수 없다"는 니체의 말이 옳다면, 이런 의미에서도 딜런은 정확히 '예술가'였다. 그는 물리적 현실을 거부하고 다른 현실을 상상했다. 히빙은 그의 고향이었으나, 그곳에서 그의 영혼은 늘 이방인이었다. 실물의 그는 광산촌 유대인의 아들 "로버트 짐머만(Robert Allen Zimmerman)"이었으나, 상상계의 그는 제임스 딘(James Dean)과 말론 브란도(Marlon Brando), 엘비스 프레슬리(Elvis Presley)와 우디 거스리(Woody Guthrie), 그리고 딜런 토마스(Dylan

Thomas)와 허먼 멜빌(Herman Melville)을 합쳐 놓은 "밥 딜런"이었다. "밥 딜런"은 천천히 "로버트 짐머만"에게 다가왔으며 그가 가까이 올수록 로버트 짐머만은 점점 사라졌다.

'예술가' 딜런의 과거를 만든 또 하나는 바로 '문학'이라는 거대한 창고였다. 딜런의 자서전 『연대기들 I, *Chronicles I*』은 상당 분량을 자신이 영향을 받은 작가들과 그들의 문학 작품에 대한 언급에 할애하고 있으며, 2016년 딜런의 노벨 문학상 수상 연설문은 (당연하겠지만) 월터 스콧(Walter Scott), 로빈슨 크루소(Robinson Crusoe), 존 던(John Donne), 멜빌(Herman Melville), 셰익스피어 등 작가들의 문학세계에 대한 언급으로 가득 차 있다. 특히 멜빌의 『모비-딕 *Moby-Dick*』, 에리히 레마르크(Erich M. Remarque)의 『서부 전선 이상 없다 All Quiet on the Western Front』, 호메로스(Homer)의 『오디세이 The Odyssey』에 대한 자세한 언급은 그 화려한 수사(rhetoric)도 수사지만, 분석의 깊이에 있어서 웬만한 문학연구자나 문학평론가의 수준을 훨씬 상회한다. 고골, 발자크, 모파상, 위고, 디킨스, 마키아벨리, 단테, 루소, 오비드, 바이런, 쉘리, 블레이크, 롱펠로우, 포, 프로이트, 밀턴, 푸시킨, 톨스토이, 도스토예프스키, 에드거 버로우즈, 셰익스피어, 로크 쇼트, 쥘 베른, H. G. 웰즈, 로버트 그레이브스, 알렌 긴즈버그, 케루악, 잭 런던, 로버트 스티븐스, 스콧 피츠제럴드, 헨리 롤린스, 존 로트 등의 문헌들은 모두 딜런 음악의 창고가 되었다. 딜런은 이 무수한 사상과 언어의 창고에서 자신의 철학과 노래와 가사들을 끌어올린다. 그는 이 모든 과거의 언어들을 다시 뜨개질했으며, 그것들을 자기 시대, 자신의 언어로 변형시켰다. 개인적 재능이 오로지 전통과의 관계에서 발전하는 것이라는 엘리어트(T. S. Eliot)의 주장이 옳다면(엘리어트, 「전통과 개인적 재능 Tradition and the Individual Talent」), 이는 딜런의 경우에도 그대로 적용된다. 딜런은 무에서 유를 창조한 것이 아니라, 낡고 오래된 창고에서 새로운 사운드와 언어를 건져낸 예술가이다. 노벨문학상 수상 연설문에서도 그는 이렇게 말하고 있다. "초기 포크 아티스트들의 노래를 모두 듣고 그 노래를 따라 부르다 보면, 당신은 토착적인 것(the vernacular)을 잡아내게 된다. 그리고 그것을 내면화하게 된다. 당신은 그것을 래그타임 블루스(ragtime blues), 노동가요, 조지아 해변의 선술집의 노래, 아팔라치아 산맥에 사는 사람들이 불렀던 발라드들, 그리고 카우보이 노래로 부를 수 있다. 당신은 그것들로부터 더 훌륭한 점들을 들을 수 있고, 세부적인 것들을 배울 수 있다. 이 모든 것들이 도대체 무엇인지 당신은 알 것이다. 그것은 피스톨을 꺼내들고 그것을 다시 당신의 주머니 안에 넣는 것이다……. 나는 그 모든 버려진 길들을 알고 있었다. 나는 그 모든 것들을 연결시켜서

오늘날의 것(the current of the day)으로 옮길 수 있었다."[15] 딜런의 노래들은 그가 전통으로부터 자기만의 감성의 피스톨로 잡아낸 것을 다시 자신의 피스톨에 집어넣은 것이다. 그가 옛것을 자신의 피스톨에 장전할 때, 그것은 새로운 탄환이 된다.

난 내일 이곳을 떠나요

난 집에서 천 마일이나 떨어진 여기에 와 있어요

다른 사람들이 내려간 길을 걸으며

나는 당신 세상의 사람들과 사물들을 보지요

당신의 극빈자들과 소작농들과 왕자들과 왕들을

헤이, 헤이, 우디 거스리, 난 당신에게 노래를 하나 썼지요

내 앞에 다가오는 재미있고 낡은 세상에 대하여

병들고 굶주리고 지치고 찢겨진 세상에 대하여

세상은 죽어가는 중인 것 같고 거의 태어나지도 않은 것 같

아요

헤이, 우디 거스리, 그러나 난 당신이 알고 있다는 걸 알아요

내가 지금 이야기하고 있는 것들을 그리고 그것보다 훨씬 많은 것들을

나는 그 노래를 부르고 있지요, 그러나 제대로 부를 수가 없어요

왜냐하면 당신이 지금까지 해 온 일들을 한 사람들이 많지 않거든요

이것은 또한 시스코와 소니와 레드벨리에게 바치는 노래예요

그리고 당신과 함께 여행한 모든 선한 사람들에게도 바치지요

이것은 먼지와 함께 왔다가 바람과 함께 사라진

모든 사람들의 심장과 손들에게 바치는 노래예요

나는 내일 떠나요, 그러나 오늘 떠날 수도 있었지요

어느 날 어딘가의 길을 따라 아래로

내가 하고 싶은 마지막 일은

나도 당신처럼 어떤 힘든 여행을 해왔다고 말하는 거지요

　　　　　　　—〈우디에게 바치는 노래 Song to Woody〉 전문

딜런의 데뷔 앨범에 실린 이 노래는 딜런이 당시에 자신의 우상이자 롤 모델이었던 우디 거스리에게 헌정한 노래이

다. 데뷔 앨범에 딜런이 만든 노래가 이 곡을 포함하여 단 두 곡 밖에 없었다는 점을 감안하면, 이 노래는 사실상 딜런의 데뷔곡이다. 재미있는 것은 이 노래가 데뷔 이후 싱어송라이터로서 딜런이 지속적으로 유지해온 창작방법을 고스란히 보여주고 있다는 것이다. 앞에서도 말했지만, 딜런의 음악과 가사는 매우 '상호텍스트적(intertextual)'이다. 딜런은 타자의 텍스트를 내면화시키고 그것을 자신의 텍스트로 재생산하는 '기술'의 귀재이다. 위 노래의 첫 번째 행("나 여기 내 고향에서 천 마일 떨어진 곳에 와 있어요")은 물리적 거리만이 아니라 현실의 '로버트 짐머만'으로부터 멀리 벗어나 상상계의 새로운 스타트 라인에 선 '밥 딜런'의 모습을 보여준다. 그는 새로운 공간에서 벌어지는 새로운 삶과 사람들을 관찰하고 있다. 그는 이 출발의 공간에서 '거스리'를 호명("헤이, 헤이, 우디 거스리")한다. 이 단계에서 우디 거스리는 그가 도달해야 할 목표였다. 그는 거스리를 자신이 알고 있는 것보다 "훨씬 많은 것들"을 알고 있는 존재로 간주한다. 우디 거스리는 그에게 일종의 거대한 문화적 '유산'이며 "시스코(Cisco)와 소니(Sonny), 그리고 레드벨리(Leadbelly)"는 거스리와 함께 포크의 전통을 대표하는 가수들이다. 딜런은 데뷔곡을 통해 자신이 이렇게 전통의 충실한 계승자임을 밝히고 있다.

딜런은 부정했지만, 중론에 따르면 이 노래는 우디 거스리의 〈1913년 대학살, 1913 Massacre〉[16]에서 멜로디와 코드를 그대로 가져왔다. 실제로 어쿠스틱 기타 반주의 이 두 곡을 들어보면 그 유사성을 바로 확인할 수 있다. 딜런은 〈우디에게 바치는 노래〉에서 거스리의 멜로디와 코드만 빌려온 것이 아니다. 4절 가사 중 "먼지와 함께 왔다 바람과 함께 사라진(come with the dust and are gone with the wind)"은 거스리의 노래 〈풍요로운 목장들 Pastures of Plenty〉에서 가져온 것이다. 마지막 행의 "고된 여행(hard travelin')" 역시 거스리의 노래 제목이다. 사실 우드 거스리의 많은 곡들 역시 기존의 포크와 발라드에서 차용한 것임을 감안하면, 딜런의 이런 식의 창작방법은 당시 포크계의 '관행'이라고 볼 수도 있다. 원래 '전통적인' 포크 송[17]들이 저자 불명 상태에서 입에서 입으로 구전되어온 것이니만큼 '관행'의 논리도 옳다. 게다가 이 노래는 거스리에게 헌정된 것이므로, 거스리라는 타자의 텍스트를 자신의 텍스트 안에 의도적으로 끌어들인 측면도 있을 것이다. 그러나 이와 무관하게 딜런은 자신의 창조성 (creativity)의 기원이 늘 타자와 과거의 텍스트들이었음을 자주 고백해왔다.

이 노래의 마지막 절에서 딜런은 "난 내일 이곳을 떠나요, 아니, 오늘이라도 떠날지 모르죠"라고 말한다. 데뷔곡에서 이미 딜런은, 자신의 음악의 멘토인 거스리라는 고원에 도달

우디 거스리

하는 순간 그곳을 떠날 것임을 직언(直言)하고 있는 것이다. 그는 도달하기도 전에 이미 떠날 것을 예고하고 있다. 그는 먼 훗날, 당시로서는 상상계에 불과했던 '밥 딜런'의 세계에 도달한 후에 자신도 "나름대로 고된 여행을 해왔노라고" 말할 것이라며, 먼 미래까지 예측하고 있다. 이 가사 대로 그의 음악은 낡은 창고에서 새로운 깃털을 뽑아내고, 그것을 만들자마자 다시 다른 세계로 떠나온 딜런의 "고된 여행"의 기록이다.

중요한 것은 딜런의 '왕성한' 소화력이다. 딜런은 전통적인 음악뿐만 아니라 문학, 사상, 철학, 신화, 영화, 신문 등 무수한 자료들을 섭렵하고 그것들을 자신의 언어로 다시 쓴다.

이 과정에서 소위 '표절' 시비가 붙기도 한다. 앞에서도 언급했지만, 딜런은 기존의 음악에서 멜로디를 빌려오거나 타자의 텍스트들에서 집어온 문장들을 자신의 가사에 슬쩍 끼워넣는 '차용'의 대가이다. 문제는 그가 타자의 텍스트들을 인용할 때마다 '차용증'을 쓰지 않았다는 것이다. 딜런의 이와같은 창작 스타일에 대하여 어떤 논자는 이를 명백한 '도둑질'로 간주하고 "딜런에게는 진정성이 전혀 없다. 그는 표절작가이고 그의 이름과 목소리도 가짜이다. 딜런에 관한 모든 것은 기만이다."[18]라는 식의 극단적인 입장을 취하기도 한다. 다른 논자들은 딜런의 이와 같은 창작 기술을 표절이 아니라 소위 '인유(引喩 allusion),' '상호텍스트성(intertextuality),' '몽타주(montage),' 혹은 '콜라주(collage)' 기법 등의 개념으로 설명하기도 한다.

사실 딜런이 타자의 텍스트들을 자신의 텍스트에 끌어들이고 있는 '사실'에 관해서는 수많은 '논증'들이 있어 왔다. 포크 음악의 전통이 기존의 멜로디나 가사를 자유롭게 차용하고 변형시키는 것이었다고 쳐도, 딜런은 포크가 아닌 다른 장르의 음악을 할 때도 이런 식의 창작 방법을 지속했다는 것이다. 스티브 스코비(Stephen Scobie)의 주장에 따르면, "딜런이 다른 원자료들(source material)을 차용하는 범위는 다방면에 걸쳐 믿을 수 없을 정도로 방대하다. 그는 잭 런던

(Jack London)으로부터는 광범위하게, 그리고 로버트 스티븐 슨(Robert Louis Stevenson)으로부터는 선택적으로 인용을 해 왔다. 그는 피츠제럴드(F. Scott Fitzgerald)의 문장 전체를 쥐어 짜내서 믿기 어려울 만큼 긴 하나의 행(line)으로 만들어냈다. 그는 심지어 프루스트(Marcel Proust)의 어스름한 산문을 각 색하기도 했다. 딜런의 30번째 스튜디오 앨범 《마음을 떠난 시간 *Time Out of Mind*》(1997)은 헨리 롤린스(Henry Rollins) 의 작품에서 구절구절을 따왔다. 2001년 앨범인 《사랑과 절 도 *Love and Theft*》는 그 제목을 존 로트(John Lott)의 음유시 인 연구서에서 차용했으며, 현대 일본 작가인 주니치 사가 (Junich Saga)의 『어떤 야쿠자의 고백 *Confessions of a Yakuza*』 에서 승인받지 않고 인용한 표현들로 가득하다. 딜런의 32번째 스튜디오 앨범 《모던 타임즈 *Modern Times*》(2006) 는 19세기 미국 연방정부 계관시인인 헨리 팀로드(Henry Timrod)에 의해 주재(主宰)되고 있다. 2009년 앨범 《함께 가는 삶 *Together Through Life*》의 제목은 제임스 조이스 (James Joyce)의 편지에서 따온 것이다. 2012년 앨범 《폭풍우 *Tempest*》에서 딜런은 미국 시인 존 화이티어(John Greenleaf Whittier)를 탁월하게 인용하고 있다. (……) 사실 《모던 타임 스》에서는 팀로드보다 로마 시인 오비드(Ovid)를 차용한 경 우가 더욱 분명하게 드러나는데, 고전 연구자들은 이 앨범

에서만 딜런이 오비드를 스물여덟 번이나 인용하고 있음을 밝혀냈다. 특히 〈말하지 않을거야 Ain't Talking〉라는 곡은 《텔 테일 사인즈 Tell Tale Signs》(2006)에 처음 실릴 때만 해도 오비드로부터 아무런 차용도 하지 않았는데 〈모던 타임스〉에 실린 나중의 버전에서는 무려 열두 군데나 차용을 하고 있다. 이렇게 인용을 추가한 것은 이와 같은 인용이 완전히 의식적이며 고의적인 것이라는 사실을 보여준다."[19]

스티븐 스코비를 위시하여 딜런을 옹호하는 논자들은 딜런의 이와 같은 창작 방법이 표절이 아니라고 본다. 그 이유는 크게 두 가지이다. 첫째, "대부분의 경우 딜런은 문단이나 논지 전체를 빌려오지 않고 한 줄 혹은 한 구절만 빌려온다. 게다가 출처가 불분명한 경우도 있지만, 많은 경우 누가 봐도 한눈에 알 수 있는 것들, 심지어 고전에서 빌려오는 경우가 대부분이다. 딜런은 자신의 모든 작품이 엄밀한 검증에 놓여있다는 사실을 알고 있다. 그는 자신이 끌어다 쓴 '출처'가 조만간 밝혀질 것이라는 것을 분명히 예상하고 있었다. (말하자면) 속일 의도는 없다. 그는 속이기보다는 그저 그 게임에 우리가 참여하도록 초대한 것이다."[20] 둘째, 대부분의 경우 딜런의 텍스트 안으로 들어온 타자의 언어들은 그 원래의 의미를 상실하고 딜런의 언어 안에서 딜런의 언어로 전화(轉化)된다. 이렇게 되면 딜런의 '차용'은 표절이라기보다는 창조적 '인유(allusion)'이고, 상호텍스트성의 결과이며, 기법의 차원에서 이야기하자면 모더니즘의 몽타주 혹은 콜라주로 보아도 좋을 것이다.

딜런은 세 번째 앨범 《시대는 변하고 있다 *The Times They Are A-Changin'*》(1964)의 해설(liner notes) "11개의 개괄된 묘비명들(11 outlined epitaphs)"에서, "나는 생각들을 훔치는 자이다(I am a thief of thoughts)"[21]라고 고백하고 있다. 이 때 그는 고작 스물세 살의 청년이었다. 앞에서 그의 데뷔작 〈우디에게 바치는 노래〉를 설명하면서 지적했듯이 그는 이미 데뷔 초부터, 인유와 몽타주, 콜라주와 상호텍스트성의 귀재였다. 그는 '무(無 nothing)'의 무덤을 뒤지는 자가 아니라, '기존에 있는 것(something)'에서 '새로운 것(something new)'을 만들어내는 것이 예술의 운명이며 본질임을 누구보다 잘 알고 있었다. 표절에 관한 논의가 나올 때마다 단골처럼 등장하는 엘리어트(T. S. Eliot)의 유명한 말처럼, "가장 확실한 시험대는 시인이 차용을 하는 방식이다. 미성숙한 시인은 모방하고, 성숙한 시인은 훔친다. 나쁜 시인들은 자신들이 취한 것을 망치고, 좋은 시인들은 그것을 더 나은 것, 최소한 무언가 다른 것으로 만든다." 「전통과 개인적 재능」이라는 에세이에서도 이미 밝혔지만, 엘리어트가 볼 때 순수한 의미에서 문자 그대로 '새로운' 것은 없다. 모든 '개인적 재능'은 기존의 것('전통')에 대한 학습과 개작과 재해석의 결과이다. 그렇다면 예술가들이 할 수 있는 것은 의식하든 의식하지 않든 간에 다른 텍스트의 '모방' 혹은 '훔침' 밖에 없다. 그리고 이 모방과 훔침은 재해석, 재창조, '다시 쓰기(rewriting)'의 다른 이름이 되어야 한다. 그것은 모든 예술가들의 운명이다. 포스트모더니스트들의 "모든 형식은 고갈되었다. 더 이상의 새로운 형식은 없다"는 고백은 사실 시대를 떠나 모든 예술가들의 고통스러운 고백이기도 하다. 엘리어트의 말대로 훌륭한 예술가는 자신이 타자의 텍스트에서 알게 모르게 가져온 것을 "더 나은 것" 혹은 "무언가 다른 것"으로 만드는 '생산자'이고 '엔지니어'이다.

이렇게 보면 딜런은 그가 일찍이 밝혔듯이, 잘 "훔치는 자," 잘 훔쳐서 그것을 더 나은 것, 무언가 다른 것으로 만드는 자이다. 문제는 그가 훔쳐낼 수 있는 원료의 창고가 워낙 광대하다는 것이다. 앞에서도 그 원저자들의 리스트를 열거했지만, 그 목록은 사실 그것보다 훨씬 더 길고 복잡하다. 그는 마치 지상의 모든 텍스트들을 다 읽고, 그것들을 자신의 프레임 안에서 녹이고, 재배열하고, 재조직하는 장인(匠人) 같다.[22] 동일한 쇳덩이도 일단 그의 손 안에 들어오면, 그만의 숨결을 가진 그만의 작품으로 다시 태어난다. 그는 그 위에 사운드를 입히고, 무대 위에서 그것을 몸과 표정과 소리로 수행(performance)한다. 그 수행은 단 한 번도 동일한 적이 없다. 그는 같은 노래도 늘 다르게 부른다. 그는 자신의 현재를 과거로 만드는 기술자이고 생산자이다. 그는 오늘도 자신이 생산한 사운드와 언어에게 '까칠한' 표정으로 말한다. "안녕 또 안녕(Bye and Bye)." 그는 다시 새로운 고원(高原)을 향해 간다.[23]

제4장
연속된 꿈들:
사회적 상징 행위로서의 내러티브

이야기꾼의 노래

  밥 딜런의 노래들은 대부분 긴 가사로 이루어져 있다. 그
래서 듣기는 좋아도 따라 부르기는 힘들다. 가령 〈바람 속
에 불고 있어 Blowin' in the Wind〉, 〈천국의 문을 두드려요
Knockin' on Heaven's Door〉 같이 누구나 다 알 정도로 널
리 알려졌고 쉽게 따라 부를 수 있으며 밥 딜런의 대명사로
불리는 노래들은 딜런의 계보에서 예외적일 정도로 짧은 가
사의 것들이다. 사실 딜런의 음악 나라에서 이렇게 짧은 가
사의 노래들은 그리 많지 않다. 딜런의 노래들은 때로 몇 페
이지씩 이어질 정도로 대부분 긴 것이 주를 이루고 그 안에
많은 이야기들을 담고 있다. 이는 그가 이 세상에 대하여 할

말이 많다는 증거이다. 그는 긴 가사들 속에 많은 이야기들을 담아낸다. 그리고 그가 만든 수많은 내러티브에는 이 세상을 대표할 만한 다양한 인물군들이 등장한다. 그는 왜 이렇게 내러티브에 집착할까. 그 이유는 크게 세 가지로 나누어 볼 수 있다. 첫째, 앞에서 말한 것처럼 그는 이 세상에 대하여 '할 말이 많은' 사람이다. 때로 딜런의 음악은 '언어과잉'이라고 할 정도로 말이 넘친다. 그는 누구보다도 이 세계를 사랑하는 자이며, 그리고 이 세상이 지금보다 더 나은 세상이 되기를 강렬하게 염원하고 있기 때문이다. 그는 멜로디를 가능한 한 단순하게 만들고 그 위에 다양한 내러티브를 얹어 세계로 나아간다. 둘째, 그의 음악은 매우 '문학 친화적'이다. 그는 고전에서 현대문학에 이르는 수많은 작가들의 작품들을 창고에 소장하고 그것들을 잘 배합하여 자신의 '문학'을 만들어 낸다. 그리고 이 문학은 대부분 내러티브의 형식을 가지고 있다. 그렇다고 해서 대중가요 가사를 소설의 분량으로 쓸 수는 없는 일이므로, 그는 내러티브를 '시적'으로 형상화한다. 그리하여 그의 내러티브에는 수많은 생략과 일탈, 암시와 상징들이 등장한다. 셋째, 그는 탁월한 예술적(철학적) 촉수로 내러티브가 인간이 세계를 인식하는데 필요한 가장 보편적이고도 오래된 수단이자 장치임을 누구보다 잘 알고 있다.

프레드릭 제임슨(Fredric Jameson)의 말마따나 내러티브는 "인간 정신의 중심적인 기능 혹은 층위(the central function or instance of the human mind)"[1]이며, "그것을 통하여 우리가 현실을 이해하는 것"[2]이다. 제임슨이 볼 때 내러티브는 이런 의미에서 "사회적 상징 행위"[3]이다. 제임슨의 '사회적 상징 행위로서의 내러티브(narrative as a socially symbolic act)' 개념을 옹호하면서 윌리엄 도울링(William C. Dowling)은 한 발 더 나아가 이렇게 말한다. "우리가 세계를 이해하기 위해 내러티브들을 구성하는 것이 아니라, 세계 자체가 이미 내러티브의 형태로 우리에게 다가온다."[4] 이러한 주장들을 종합하면, 내러티브를 경유하지 않고 세계를 인식할 수 없다.

내러티브는 긴 역사를 가지고 있다. 가령 세계가 온통 불가해한 것으로 가득차 있을 때 인류는 신화를 만들어 냈다. 신화는 가장 오래된 내러티브 중의 하나이다. 신화는 혼란의 세계에 질서를 부여한다. 신화는 무정형의 세계에 형태를 주며, 무의미(senseless)한 것들을 의미(sense)로 전화시킨다. 사실 신화는 불가해(不可解)와 혼란과 무의미에 대한 두려움의 산물이다. 인류는 신화를 이용하여 '불가지(不可知)'한 대상을 '가지(可知)'의 대상으로 만듦으로써 공포에서 벗어났다. 인류는 신화를 통하여 신들(gods), 우주 만물과 인간의 기원, 세계가 가동되는 원리, 삶의 의미, 목적, 미래 등 사실상 자신의 삶에 필요한 모든 것을 설명함으로써 세계의 주인이 되었다. 신화의 그리스어 어원은 '미토스(mythos)'이고, 이것의 의미는 '스토리(story)'이다. 이렇게 보면 인류는 타고난 '이야기꾼(storyteller)'들이다. 어린아이들이 세계를 인지하는 것도 대부분 부모가 들려주는 스토리들, 즉 내러티브를 통해서이다. 따라서 내러티브는 인간이 세계를 해석하고 설명하는 가장 오래되고 보편적인 수단이다. 그리스 신화는 고대 그리스인들이 세계를 인식하고 설명했던 상징적 체계였다. 그들은 신화를 통하여 신과 자연과 인간에 대하여 설명했고 그렇게 만들어진 이야기는 진실로 통용되었다. 그것은 그리스인들이 세계를 이해하는 패러다임이었으며, 모든 사상과 이념과 관습과 예술의 모체(matrix)였다. 그리스의 그 어떤 훌륭한 철학 담론도 그리스 신화만큼의 보편성을 획득하지 못했다. 철학이 개별 사상가들의 발명품이라면, 신화는 집단적, 공동체적 소망의 산물이다. 익명의 집단적 주체들은 마치 경쟁이라도 하듯이 수많은 내러티브들을 생산해왔으며 그것들은 서로 얽히고설키면서 세계를 설명하는 풍요롭고도 상징적인 지도(map)가 되었다.

인간은 이렇게 실물의 세계를 허구(fiction)로 해석한다. 허구인 내러티브로 실물을 설명하는 이 놀라운 능력은 예술의 능력과 일치한다. 사실 모든 예술은 허구로 실물을 설명하는 장치들이기 때문이다. 딜런은 이 사실을 잘 알고 있다. 딜런은 수많은 내러티브를 동원하여 자신이 속해 있는 사회를 상징적으로 해석한다. 이런 점에서 그에게 내러티브는 "사회적 상징 행위"(프레드릭 제임슨)이다. 내러티브는 그 자체 현실의 일부이면서 현실을 가리키고 상징하는 말의 프레임(frame)이다. 딜런은 수많은 내러티브를 만들어, 그것으로 자신과 세계와 신을 설명한다. 말하자면, 그는 탁월한 뮤즈(muse)이면서 동시에 훌륭한 이야기꾼이다.

오랜 세월 달려온 무쇠기차가 있네

증오의 화실(火室)과 공포로 가득 찬 용광로를 가진

그것이 내는 소리를 듣거나 그것의 망가진 붉은 피의 뼈대를 본다면

그러면 당신은 노래하는 내 목소리를 들었을 거야 그리고 내 이름을 알거야

당신은 한 번이라도 멈춰 서서 그것이 가지고 있는 증오에 대해 의아해본 적이 있는가?

당신은 한 번이라도 그 승객들, 그 미치고 뒤죽박죽된 영혼들을 본 적이 있는가?

당신은 한 번이라도 그 기차를 멈춰 세워야만 한다고 생각이

라도 해 본 적이 있는가?

그러면 당신은 노래하는 내 목소리를 들었을 거야 그리고 내 이름을 알거야

당신은 한 번이라도 공포의 설교 소리에 지쳐보았나
그것들이 당신의 머리를 망치로 치고 당신의 귀에 울려 퍼졌을 때?
당신은 한 번이라도 그것에 대해 질문을 하고 명쾌한 답을 듣지 못한 적이 있는가?
그러면 당신은 노래하는 내 목소리를 들었을 거야 그리고 내 이름을 알거야

자신들의 손에 남기고 있는 이 살의의 세계를
나는 뭇 나라의 지도자들이 이해하고 있는지 의아해하고 있네
당신은 한 번이라도 밤중에 깨어나 같은 의문에 사로잡힌 적이 있는가?
그러면 당신은 노래하는 내 목소리를 들었을 거야 그리고 내 이름을 알거야

당신 옆에 서 있는 사람이 잘못 인도된 것인지도 모른다고
당신은 한 번이라도 그것을 소리 내어 말하거나 머릿속으로

말해본 적이 있는가?

미치광이들의 광란이 당신의 내면을 미치게 만드는가?

그러면 당신은 노래하는 내 목소리를 들었을 거야 그리고 내

이름을 알거야

살기로 미친 노상강도들과 증오자들이 당신을 낙담케 하는가?

설교와 정치가 당신의 머리를 빙빙 돌게 만드는가?

불타오르는 버스가 당신의 마음에 고통을 주는가?

그러면 당신은 노래하는 내 목소리를 들었을 거야 그리고 내

이름을 알거야

　　　　　　　-〈달리는 기차 Tranin A-Travelin'〉 전문

딜런이 이 가사를 깁슨 어쿠스틱 기타(Gibson J-50)의 빠르
고 경쾌한 멜로디에 실었을 때, 그는 겨우 만 스무 살 언저리
(1962)의 청년이었다. 이 곡에서 "증오의 화실과 공포의 용광
로가 달린" "무쇠기차"는 폭력과 광기의 시스템을 상징한다.
그것은 오랜 역사를 가지고 있고("오랜 세월 달려가는"), 수많은
사람들을 "광기와 혼돈"으로 몰아넣으며 지금도 계속해서
달리고 있는 기차이다. 이 노래는 기승전결의 내러티브를 가
지고 있지 않다. 이 가사는 스토리의 직선적(linear) 전개를 해
체하고, 수많은 디테일을 생략하고 있다는 점에서 '시적' 내

러티브이다. 시적 내러티브는 산문적 내러티브와 달리 시-중-종(beginning-middle-end)의 사건 전개를 파괴하고 수많은 디테일들을 상징으로 대체한다. 시적 내러티브는 이렇게 일탈과 침묵의 공간을 만듦으로써 오히려 더욱 많은 이야기를 한다. 이런 점에서 시적 내러티브는 침묵의 웅변이다. 기차는 때로는 전쟁의 모습으로("찌그러진 핏빛 형체"), 때로는 이데올로기의 형식으로("저 공포의 설교") 세계를 "살의"로 가득 채운다. 시적 화자는 익명의 "그대"에게 계속 묻는다. 무쇠 기차의 폭력에 대하여 들어본 적이 있느냐고. 그 공포의 설교에 질려버린 적이 있느냐고, 그리고 그 기차를 이제는 "멈춰 세워야" 하지 않느냐고 계속 질문을 던진다. "미치광이들의 광란" 때문에 수많은 사람들이 "길을 잃었을지 모른다고," 그 누가 "그대의 내면을 광기로 몰아가"느냐고 끊임없이 질문을 던진다. "불타오르는 버스"는 수많은 사람들을 죽음의 불덩이로 내모는 폭력의 상징이다. 시적 내러티브는 상징을 동원하고 디테일을 생략함으로써 오히려 더 큰 포괄성(inclusiveness)을 갖는다. 그리하여 위에서 설명한 바, '무쇠기차의 폭력'은 인류의 먼 과거로부터 현재에 이르는 그 모든 광기와 폭력의 시스템에 적용된다. 인류는 여전히 살의와 증오의 철로를 달리고 있다. 후렴의 "내 노래하는 목소리"는 이 모든 광기와 폭력에 저항하는 시인의 언어, 예술가의 언어를 가리킨다. 그리고 그 언어는 바로 밥 딜런의 내러티브가 아니고 무엇인가.

이러한 과정을 통하여 딜런의 내러티브들은 크게 두 개의 층위(層位 level)를 갖게 된다. 첫 번째 층위는 바로 사회적 상징 행위로서의 내러티브이다. 딜런의 내러티브들은 그 자체 현실의 일부이면서 현실을 재현하고 설명하는 사회적 상징 행위이다. 딜런의 내러티브가 가지고 있는 두 번째 층위는 바로 '예언'이다. 위의 곡에서 익명의 "그대"에게 던지는 "노래하는 목소리"는 바로 내러티브가 던지는 '예언'의 목소리이며, 그 "이름"은 바로 예언자의 이름이다. 예언자는 딜런 자신일 수도 있고, 기독교적 의미의 신(하나님)일 수도 있다. 딜런은 다양한 내러티브를 동원하여 폭력과 광기의 현실을 재현하고, 그것에 예언의 경종을 울린다. 딜런의 예언은 궁극적인 의미에서 선(the good)의 승리에 대한 예언이며, 이러한 예언은 그의 유토피아 욕망에서 비롯된다. 유토피아 욕망은 세계의 결핍된 부분을 끊임없이 드러내며 현실을 더 나은 현실로 추동한다. 그것은 권위를 조롱하고 권력을 희화화하며 세계를 흠집 없는 완결성의 상태로 몰고 간다. 그 과정에서 그것은 때로 아나키즘(anarchism), 정치적 래디컬, 혹은 종교적 근본주의의 얼굴을 갖기도 하지만, 그 어떤 개념도 유토피아 욕망을 범주화할 수 없다. 유토피아는 영원한 '되기(becoming)'의 과정 속에 있고 완성이 끊임없이 지연되므로, 그 자체 미결정성(indeterminacy)의 상태에 있기 때문이다.

딜런의 나라에는 누가 사는가

신화나 민담, 전설을 최초로 만든 사람이든, 소설가든, 모든 이야기꾼들이 내러티브를 생산하는 과정은 구조적으로 유사하다. 그들은 우선 자신들의 세계관을 적절히 표현해 줄 인물들을 선택해야 하며, 그 인물들을 특정한 시간과 공간에 배치해야 하고, 특정한 사건들 속에 연루시켜야 한다. 그렇지만 이야기꾼들이 이 세상의 모든 인물들과 사건들을 전부 다룰 수는 없으므로 불가피하게도 일정한 선택과 배제가 이루어질 수밖에 없다. 이야기꾼은 자신의 필요에 따라 어떤 것들을 버리거나 아예 관심조차 두지 않으며, 어떤 것들은 집요하게 자신의 이야기보따리 안으로 끌어들인다. 따라서 이야기꾼들이 선택한 인물들과 시간·공간과 사건들은 그 자체 이야기꾼들의 세계관의 표현일 수밖에 없다.

그렇다면 밥 딜런, 그의 나라에는 누가 사는가? 딜런의 『가사집 The Lyrics 1961~2012』[5]을 처음부터 끝까지 훑다보면 우리는 다음과 같은 다양한 인물들이 딜런의 세계에 거주하고 있음을 확인하게 된다. 워낙 많은 인물들이 등장하지만 중복되는 것들을 제외하고 열거하면 다음과 같다. 떠돌이, 노름꾼, 광부, 경찰, 공산주의자, 빨갱이, 흑인 소년, 배심원, KKK단원, 노예, 왕, 집시, 집시 여인, 지도자, 기차 승객, 강도, 살인자, 의사, 학자, 엄마, 아버지, 군인, 창녀, 판사, 간호사, 링컨 대통령, 케네디 대통령, 범죄자, 변호사, 저글링 하는 사람(juggler), 사기꾼, 점쟁이, 작가, 비평가, 상하의원, 아들, 딸, 인디언, 인권운동가, 정치가, 보안관, 장군, 정치계 거물, 부랑자(hobo), 무법자, 폭도, 빨갱이 사냥꾼, 인종차별주의자, 해고당한 노동자, 지방 검사, 주 방위군, 카우보이, 천사, 아기, 집시 여왕, 극빈자, 전도자, 교사, 현자, 성자, 도박꾼, 선원, 방랑자, 경비병, 해적, 부랑자, 광대, 공주, 나폴레옹, 최고사령관, 베토벤, 곡예사, 교수, 문둥이, 사기꾼, 스콧 피츠제럴드, 난장이, 하나님, 아브라함, 경찰국장, 폭동진압대, 신데렐라, 로미오, 노틀담의 꼽추, 착한 사마리아인, 오필리아(햄릿의 애인), 노아, 로빈 후드, 아인슈타인, 성직자, 보험회사 직원, 네로 황제, 에즈라 파운드, T. S. 엘리엇, 칼립소 가수, 모나리자, 마약판매상, 백작부인, 하모니카 연주자, 장의사, 객실 청소부, 셰익스피어, 철도 인부, 사교계 신참 여성, 신앙인, 선교사, 예언자, 농부, 사업가, 전당포 주인, 흉악범, 성 아우구스티누스, 조커(joker), 도둑, 왕자, 하인, 유다 사제, 지주, 이민자, 전령, 제사장, 지명수배자, 음유시인, 소년, 무용수, 흑인 인권운동가, 교도관, 금발머리 여자, 칭기스칸, 호메로스, 전화 교환수, 사냥꾼, 늙은 창녀, 수학자, 목수, 바텐더, 이방인, 가톨릭 신부, 인질, 니체, 빌헬름 라이히, 수녀, 성모 마리아, 투우사, 장군, 광대, 백만장자, 집주인, 선한 목자, 대위, 배교도 여사제, 독재자, 사자, 메뚜기, 양, 마법사, 재향군인, 대사, 사교계 인사, 악마, 로큰롤 중독자, 회장, 급진파 청년, 방송국 사장, 부자, 가난뱅이, 맹인, 앉은뱅이, 공사장 인부, 시의회 의원, 모하메드, 부처, 예수, 아랍 족장, 사탄, 혁명가, 엉터리 치유자, 여성 혐오자, 노예상, 불신자, 바보, 칼 마르크스, 헨리 키신저, 간통자, 갱스터, 위선자, 니코데모, 루저, 미켈란젤로, 소총수, 병자, 절름발이, 불량배, 늙은 여자, 총통각하, 인도주의자, 박애주의자, 교황, 클라크 케이블, 순교자, 총잡이, 흑인, 가난한 백인, 꼽추, 베트남전 참전군인, 이교도, 성 베드로, 마르다, 오셀로, 데스데모나(오셀로의 부인), 밀주업자, 노동자, 노상강도, 요정, 과부, 고아, 기둥서방, 걸인, 행상인, 모조 천사, 경비원, 주교, 존 레넌……

딜런의 음악에 대해 이런 방식으로 접근을 하는 경우가 거의 전무하기 때문에 독자들은 놀랄 수도 있다. 소설가도 아닌 한 대중가수의 노랫말에 이렇게 다양한 인물군들이 출현한다는 것을 상상이나 하겠는가. 딜런의 노래를 취향대로 골라들으며 딜런의 세계를 전체적으로 조망하지 않으면 이런 풍경을 절대 볼 수 없다. 문제는 이렇게 다양한 인물들의 배치 자체가 아니라 그 이면에 있는 구조이다. 앞에서도 말했지만 이야기꾼에게 있어서 인물의 선택은 그 자체 이야기꾼이 어떤 앵글로 세계를 바라보고 있는지를 보여준다. 그러므로 내러티브 분석에 있어서 인물분석은 매우 중요하다. 모든 내러티브에서 인물들은 그 자체 인물들이면서 동시에 내러티브의 주제를 구현하는 장치들이기 때문이다. 딜런의 나라에는 수많은 인물들이 등장하는데, 딜런이 데뷔 초기부터 거대한 청사진을 그려놓고 이런 인물들을 조직적으로 배치했을 리는 만무하다. 그는 그저 하나하나 노래를 만들어갔을 뿐이며, 가사를 썼고, 그것들을 음반으로 완성했다. 그러나 이 축적된 과정은 딜런 자신도 모르게 그의 세계를 총괄적으로 보여주는 중요한 지도(map)가 되었다.

딜런의 음악에 등장하는 인물들은 혼란스러울 정도로 다양한 스펙트럼을 보여주지만, 그것들은 (의도적인 것은 물론 아니었지만) 사실 일정한 '구도(frame)'에 의해 선택되고 배치되어 있다. 딜런의 인물들을 크게 보아 다음의 네 집단으로 분류할 수 있다. 1)군: 지배계급과 그들의 지배를 돕는 인물들 그리고 2)군: 그들의 지배를 받고 있는 하위주체들(서발턴 subaltern)이 존재한다. 이들은 사회 안에서 직·간접적인 긴장과 대립의 관계에 있으며, 마주치는 공간에서 이들의 이해관계는 늘 충돌한다. 다음으로 3)군: 이 두 계급 사이의 갈등에 직접적으로 연루되어 있지 않으며 계급적 대립으로부터 상대적으로 자유롭고, 대체로 하위주체들의 편에 서 있는 인물들이 있다. 4)군: 이 모든 관계들로부터 일정 정도 초월해 있으나 궁극적으로 선(善)의 편에 서 있는 '종교적' 인물들이 있다.

앞에서 열거한 복잡한 인물들을 다시 이 네 가지의 범주로 분류하면 다음과 같다. 1)군, 지배계급과 그들의 지배를 돕는 인물들: 왕, 상하의원, 정치가, 장군, 정치계 거물, 나폴레옹, 네로 황제, 왕자, 장군, 백만장자, 지주, 독재자, 회장, 시의회 의원, 총통각하, 배심원, KKK단원, 판사, 변호사, 보안관, 지방 검사, 주 방위군, 최고사령관, 경찰, 경찰국장, 폭동진압대, 백작부인, 교도관, 집주인, 대위, 재향군인, 대사, 사교계 인사, 회장, 방송국 사장, 교수, 부자, 소총수, 빨갱이 사냥꾼, 여성 혐오자, 경비원, 인종차별주의자, 사탄, 악마, 백인, 베트남전 참전군인. 2)군, 이들의 지배와 억압 아래 있는 하위주체들: 떠돌이, 노름꾼, 광부, 공산주의자, 빨갱이, 흑인 소년, 집시, 집시 여인, 노예, 창녀, 사기꾼, 점쟁이, 인디언, 부랑자, 무법자, 폭도, 해고당한 노동자, 고아, 도박꾼, 선원, 방랑자, 해적, 부랑자, 극빈자, 광대, 문둥이, 사기꾼, 난장이, 꼽추, 마약판매상, 객실 청소부, 철도 인부, 농부, 흉악범, 조커, 도둑, 하인, 이민자, 지명수배자, 창녀, 목수, 인질, 가난뱅이, 맹인, 앉은뱅이, 공사장 인부, 루저, 병자, 절름발이, 불량배, 흑인, 밀주업자, 노동자, 노상강도, 과부, 고아, 기둥서방, 걸인, 행상인, 경비원. 3)군, 계급적 대립으로부터 상대적으로 자유로우며 대체로 하위주체들의 편에 서 있는 인물들: 작가, 비평가, 인권운동가, 혁명가, 착한 사마리아인, 흑인 인권운동가, 급진파 청년, 칼 마르크스, 인도주의자, 박애주의자, 존 레넌. 4)군, 초월적 존재 혹은 그것과 연관되어 있되 선을 지향하는 종교적 인물들: 하나님, 천사, 예수, 전도자, 현자, 성자, 아브라함, 노아, 성 아우구스티누스, 성모 마리아, 선한 목자, 부처, 성 베드로, 니코데모.

처음에 열거했던 인물군을 이렇게 네 가지 범주로 나누고 보면 딜런이 어떤 각도에서 인물들을 배치했는지 윤곽이 금방 드러난다. 그는 무엇보다도 이 세계의 '구조'가 권력을 소유한 자들과 그렇지 못한 자들 사이의 갈등과 대립, 지배와 종속으로 이루어져 있다고 보고 있다.

덤불 뒤에서 총알이 날아와 메드거 에버스가 피를 흘리고 쓰
러졌네

어떤 손가락이 그의 이름에 방아쇠를 당겼지

어둠 속에 숨겨진 어떤 총자루

어떤 사람의 뇌 뒤에서

두 눈이 목표를 조준했지

그러나 그를 비난할 순 없어

그는 단지 그들 게임의 하수인일 뿐이니까

(……)

보안관 대리들, 군인들, 주지사들은 돈을 받지

그리고 장군들과 경찰들도 마찬가지지

그러나 그 가난한 백인 남자는 마치 연장처럼 그들 손에 이용
당하지

그는 학교에서 배웠어

처음부터 규칙대로

법은 자신과 함께한다고

그의 흰 피부를 보호하기 위해

그의 증오를 유지하기 위해

그래서 그는 한 번도 똑바로 생각하지 않네

그 안에서의 자신이 모습에 대해

그러나 그를 비난할 순 없어

그는 단지 그들 게임의 하수인일 뿐이니까

-〈단지 그들 게임의 하수인일 뿐 Only a Pawn in Their Game〉

부분

메드거 에버스(Medgar Evers, 1925~1963)는 '유색인종 지위 향상을 위한 전국연합(NAACP)'에서 활동했던 흑인 인권운동가이다. 그는 1963년 6월, 백인 우월주의자인 클랜즈맨(Klansman)에게 암살당했다. 이 내러티브에 등장하는 보안관들, 군인들, 정부 관료들, 장군들, 경찰관들, 그리고 에버스를 살해한 "백인 남자(클랜즈맨)"는 위에서 분류한 인물군에 따르면 1)번 군에 해당하는 자들이다. 이들은 자기들 내부에도 나름의 피라미드식 위계를 가지고 있고, 이 피라미드의 "하수인"에 불과했던 클랜즈맨은 자신의 "흰 피부를 보호하기 위해," "증오를 유지하기 위해" 에버스를 살해했다. 죽임을 당한 메드거 에버스는 3)번 군에 속하는 인물인데, 이 노래는 이런 방식으로 미국 사회에 만연한 인종들 사이의 '구조적 갈등'을 재현하고 있다. 딜런은 여기에서 살해자를 비난할 수 없는 이유를, 그가 단지 거대 시스템의 "하수인"에 불과했기 때문이라고 주장한다. 딜런이 고발하는 것은 디테일이 아니라 폭력적 시스템 그리고 그 '구조'이다. 1963년 8월 28일, 스물두 살의 앳된 청년이었던 딜런은 인종차별 반대를 외치며 미국 전역에서 몰려온 수십만 명의 시위대 앞에서 달랑 통기타 한 대를 들고 이 노래를 불렀다. 워싱턴 광장에서의 이 실황은 미국 전역에 생방송으로 중계되었다.

윌리엄 잔징어가 불쌍한 해티 캐럴을 죽였네
다이아몬드 반지 낀 손가락으로 지팡이를 휘둘렀지
볼티모어 호텔 사교클럽 사람들이 모인 자리였다네
그리고 경찰들을 불러들여 그에게서 무기를 빼앗았지
그들이 그를 태워 경찰서 구치소에 가두고
윌리엄 잔징어를 일급 살인죄로 기소했네
그러나 불명예를 심각하게 논하고 모든 공포를 비난하는 당신
들이여
당신들의 얼굴을 가린 그 누더기를 치우라
지금은 당신들이 눈물 흘릴 때가 아니다

스물네 살의 윌리엄 잔징어는
육백 에이커의 담배농장을 소유하고 있네

그에게 모든 것을 제공하고 그를 도와주는 부유한 부모를 가

지고 있지

그리고 메릴랜드 정치판에 고위급 인사들과도 친분이 깊어

그는 자신의 행동에 대해 단지 어깨를 으쓱했을 뿐

욕설과 조롱을 하며 그의 혀는 으르렁거렸고

얼마 지나지 않아 그는 보석으로 걸어 나왔네

그러나 불명예를 심각하게 논하고 모든 공포를 비난하는 당신

들이여

당신들의 얼굴을 가린 그 누더기를 치우라

지금은 당신들이 눈물 흘릴 때가 아니다

해티 캐럴은 주방에서 일하는 여자였지

그녀는 쉰한 살이었고 열 명의 자녀가 있었네

그녀는 접시들을 나르고 쓰레기를 치우는 일을 했지만

단 한 번도 식탁 머리에 앉은 적이 없네

그리고 식탁에 앉은 사람들에게 말 한마디 걸지 않았지

그녀는 그저 식탁에 남은 모든 음식물을 치우고

다른 모든 층의 재떨이들을 비웠을 뿐

그런데 한 방의 휘두름에 죽었지, 지팡이에 맞아 죽었어

공기를 가르고 방을 지나 들어온 지팡이

모든 온화함을 파괴하도록 운명 지워지고 결정된 그 지팡이

그리고 그녀는 윌리엄 잔징어에게 아무 짓도 하지 않았네

그러나 불명예를 심각하게 논하고 모든 공포를 비난하는 당신
들이여

당신들의 얼굴을 가린 그 누더기를 치우라

지금은 당신들이 눈물 흘릴 때가 아니다

명예로운 법정에서 판사는 망치를 두드렸지

모두가 평등하고 법정은 공평하다는 것을 보여주기 위하여

그리고 법조문은 끌어다 제멋대로 쓰는 것이 아님을 보여주기
위하여

그리고 심지어 지위가 높은 사람들도 제대로 다룬다는 것을
보여주기 위하여

일단 경찰이 추적하고 잡아오면

법의 사다리에는 꼭대기와 바닥이 없음을 보여주기 위하여

그냥 아무런 경고도 없이 그저 기분으로

아무런 이유도 없이 살인을 한 그 사람을 응시하면서

판사는 법복을 뚫고 나오는 가장 깊고 위엄 있는 목소리로 말
했지

그리고 처벌과 회개를 위하여 강력하게

윌리엄 잔징어에게 6개월 징역형을 선고했네

오, 불명예를 심각하게 논하고 모든 공포를 비난하는 당신들이여

그 누더기를 당신의 얼굴 속에 깊이 묻어라

왜냐하면 지금이야말로 눈물을 흘릴 때이므로

　-〈해티 캐럴의 외로운 죽음 The Lonesome Death of Hattie

Carroll〉전문

이 곡이 수록되어 있는 《《시대는 변하고 있다 *The Times They Are A-Changin'*》》(1964)의 오리지널을 들어보면, 딜런은 어쿠스틱 기타와 하모니카 반주로, 차분하게, 어찌 보면 체념한 듯 슬픈 목소리로 이 노래를 부른다. 이 곡에서도 마찬가지로 대농장 소유주인 윌리엄 잔징어, 사교모임, 판사는 1)군의 인물에, 그리고 억울하게 맞아 죽은 호텔 노동자 해티 캐럴은 2)군에 속하는 인물이다. 불행하게도 미국에서나 한국에서나 지금도 여전한, '법 앞에 평등'이라는 가짜 슬로건 뒤에서 유전무죄, 무전유죄의 문법이 지배하는 현실에 대해 딜런은 "얼굴을 가린 그 누더기를 집어 치우라," 당신들은 지금 한가하게 "눈물 흘릴 때"가 아니라고 항변한다. 1964년 2월 25일, 만 스물두 살의 밥 딜런은, 스티브 알렌 쇼(Steve Allen Show)에 나와 여전히 슬픈 얼굴로 내면의 분노를 억누르며 이 노래를 불렀다.

상어가죽 옷을 입은 모든 초대 로마의 왕들

나비 넥타이와 단추, 목이 긴 부츠

대못을 박아 넣어 레일을 불태웠지

실크해트를 쓰고 연미복을 입은 채 관 속에 못박혔지

날아가라 작은 새야, 날아가라, 날개를 펄럭이라

초대 로마의 왕들처럼 밤을 날아라

이른, 이른 아침 모든 초대 로마의 왕들

산을 내려와 옥수수를 나눠주며

숲을 빠르게 지나가 경주로를 따라 달리네

당신은 도망치려 하지만, 그들이 당신을 질질 끌고가지

내일은 금요일, 우리는 무슨 일이 일어나나 보게 될 거야

모두들 떠드네 초대 로마의 왕들에 대해

그들은 행상인들, 그들은 모든 곳에 끼어드는 자들, 그들은

사고 팔지

그들은 당신의 도시를 파괴했지, 그들은 또한 당신을 파괴할

거야

그들은 맹렬한 호색한들 그리고 믿을 수 없는 자들

그들 하나하나는 모든 사람들을 합친 것보다 더 크지

화려한 금반지를 낀 강타자에 노상강도들이지

　　　　　　　　　-〈초대 로마의 왕들 Early Roman Kings〉부분

앞에서 인용한 두 곡이 초창기 것이라면, 이 곡은 비교적 최근 앨범인 《폭풍우 *Tempest*》(2012)에 실려 있는 노래이다. 이 내러티브는 로마의 왕들과 현대의 자본가("행상인")들을 교묘하게 겹쳐 놓고 있다. "행상인들" "모든 곳에 끼어드는 자들"이 하는 일은 "사고 파는" 일이다. 딜런은 이들을 강한 자들("강타자들")이며 야바위꾼들("모든 곳에 끼어드는 자들")이고, 사실상 "화려한 금반지를 낀 노상강도"라고 비난하고 있다.[6] 첫 번째 연에서 로마의 왕들을 나비넥타이와 실크 해트, 연미복을 입은 자들로 묘사하는 것 역시, 현대판 권력자들을 로마의 왕들에게 비유하기 위해서이다. 이 곡에서 딜런은 권력자들의 '힘'을 "그들 하나하나가 모든 사람들을 죄다 합친 것보다 크다"고 말하고 있다. 여기에서 왕들과 자본가들은 1)번 군에 속하는 "호색한들 그리고 믿을 수 없는 자들"이고 그들에게 "질질" 끌려 다니는 "너"는 2)번 군에 속한 인물이다. 오리지널 트랙을 들어보면, 이 노래는 클래식 블루스(blues classic) 스타일인데, 블루스 특유의 부드러우면서도 (동시에) 우울한 분위기를 잘 전달한다.

(……)

손을 쭉 뻗치고 있는 사람이

총통각하일 수도 있어

교구 사제일 수도 있지

알잖아 때로 사탄은 평화주의자의 모습으로 온다는 걸

(……)

그는 위대한 인도주의자였네, 그는 위대한 박애주의자였어

그는 알지 바로 당신의 어디를 만져야 할지, 당신이 키스 받는

것을 얼마나 좋아하는지

그는 양팔을 당신에게 두를 거야

당신은 짐승의 다정한 촉감을 느낄 수 있어

알잖아 때로 사탄은 평화주의자의 모습으로 온다는 걸

그래, 오늘밤 울부짖는 늑대가 또 울부짖을 거야, 왕뱀이 기어

갈 거야

천년 동안 서 있던 나무들이 갑자기 쓰러질 거야

결혼하고 싶어? 그러면 지금 해

내일이면 모든 행위가 끝장날 거니까

알잖아 때로 사탄은 평화주의자의 모습으로 온다는 걸

어디선가 그녀의 푸른 눈이 소년 때문에 울고 있어

그녀는 그 아이의 작은 흰 신발과 그 작은 망가진 장난감을

움켜쥐고 있어

그리고 그 아이는 별을 따라 가고 있거든

동방에서 온 세 사람도 그것을 좇아갔지

나는 듣지 때로 사탄은 평화주의자의 모습으로 온다는 걸

　　　　　　　　　　　　　　　　　-〈평화주의자 Man of Peace〉부분

이 곡은 1983년에 나온 《이교도들 *Infidels*》의 다섯 번째
트랙에 실려 있다. 이 음반은 소위 '가스펠 시대(Gospel period
1919~1981)'를 지난 후에 나온 앨범이지만 트랙의 이곳저곳
에 기독교적 메시지가 흩뿌려져 있다. 이 곡에서 사탄(악)은
평화를 사랑하는 사람의 외피를 입고 있다. 딜런은 실제로
성경의 "사탄은 빛의 천사로 스스로를 가장한다(고린도 후서
11:14)"는 대목에서 영감을 얻었다고 말한다.[7] 그러나 사탄의
실제는 히틀러를 연상시키는 독재자("총통각하")이고, 놀랍게
도 때로 "교구 사제"의 모습을 띠고 있기도 한다. 마지막 연
의 "엄마(Mama)"는, 이어지는 동방박사들 이야기로 미루어
볼 때 성모 마리아이다. 그리고 "그녀의 푸른 눈의 소년"은
바로 예수를 가리킨다. "늑대"와 "왕뱀"은 악한 존재, 즉 사
탄의 다른 이름들이다. 여기에서 사탄, 총통각하, 늑대, 왕뱀
이 1)군의 인물들이라면, 엄마, 푸른 눈의 소년, "동방에서

온 세 사람"은 4)군의 종교적 인물들이다. 1)군과 4)군의 인물들 역시 예외 없이 '갈등의 구조' 안에 존재한다.

지금까지 살펴본 것처럼 딜런은 이 세계를 근본적으로 선과 악, 폭력과 평화, 지배와 종속, 진리와 거짓 사이의 끝없는 충돌의 구조로 읽는다. 그가 동원하는 수많은 인물군들은 이와 같은 갈등과 싸움의 주제를 표현하기 위한 장치들이다. 그는 이 인물들을 다양한 내러티브 안에 끌어들임으로써 갈등의 세계를 재현하는 이야기꾼이다. 그러나 그는 이 싸움의 궁극적 결론이 '선의 승리'일 수밖에 없다는 사실을 매우 힘겹게, '피 흘리며' 이야기한다. 이것은 그의 종교적 확신일 수도 있고, 유토피아적 소망의 표현일 수도 있다.

우리 승리하리라

딜런은 수많은 갈등의 내러티브들을 파노라마처럼 보여 준다. 그것은 세계와의 고통스러운 싸움의 과정이며, 자기 내면과의 분투의 기록이기도 하다.

종을 울려라, 너 이교도들이여
꿈꾸는 도시에서
성소들에서 종을 울려라
계곡들과 시냇물들을 가로 질러
왜냐하면 그것들은 깊고 넓으므로
그리고 세상은 세상 편

그리고 시간은 거꾸로 흐르고 있고
그리고 신부(新婦)도 그러하니

종을 울려라, 성 베드로여
네 개의 바람이 부는 곳에서
종을 울려라 무쇠 손으로
그러면 사람들이 알게 되리
오 지금은 러시 아우어
그리고 바퀴와 쟁기 위에
태양이 내려오고 있지
신성한 암소 위로

종을 울려라 상냥한 마르다여
가난한 자의 아들을 위하여
벨을 울려 세상이 알도록
하나님은 오직 한 분이라는 것을
오 양치기는 잠들어 있고
그곳에서 버드나무가 울고 있고
산들은 잃어버린 양들로
가득 차 있네

종을 울려라 장님들과 귀머거리들을 위해

남아 있는 우리 모두를 위해 종을 울려라

선택된 소수를 위하여 종을 울려라

게임을 해 나갈 때 그들이 다수를 심판하리라

종을 울려라, 날아가는 시간을 위해

울고 있는 아이들을 위해

순수가 죽을 때

종을 울려라, 성 카트리나여

방 꼭대기에서

종을 울려라, 요새에서

피어나는 작은 백합꽃들을 위해

오 줄은 길고

싸움은 격렬하네

그리고 그들은 거리를 부수고 있네

옳은 것과 그른 것 사이의 거리를

–〈종을 울려라 Ring Them Bells〉 전문

이 노래에 등장하는 "이교도들"은 1)군에 속하는 인물들
이고, 맹인, 귀머거리, "선택 받은 소수," "울고 있는 아이들,"
"가난한 자의 아들"은 모두 2)군에 속하는 인물들이다. 이

노래는 1)군과 2)군 사이의 갈등의 구조 위에 성 베드로, 마르다(마리아의 언니), 성 카테리나 등의 4)군의 종교적 인물들을 덧씌움으로써 예언과 계시의 목소리를 들려준다. 딜런이 볼 때 "옳은 것과 그른 것 사이의" "줄은 길고 싸움은 격렬"하지만, 그 모든 싸움의 끝엔 "심판"이 있다. 그리고 그 심판은 선의 승리로 귀결된다.

하나님은 우리 편

오 역사책들은 말하지
정말 잘 말해주지
기병들이 돌격했고
인디언들이 쓰러졌지
기병들이 돌격했고
인디언들이 죽었지
오 나라는 젊었고
하나님은 그 나라의 편이었지

(……)

2차 세계대전이

끝났을 때

우리는 독일인들을 용서했지

그리고 우리는 친구였어

비록 그들이 육백만 명을 죽였지만

오븐들에 넣어 튀겨 죽였지만

독일인들도 이제 마찬가지로

하나님을 제 편에 두고 있지

(……)

수많은 어둠의 시간을 통해

나는 이것을 생각해오고 있어

예수 그리스도가

한 번의 입맞춤으로 배신당했다는 것을

그러나 나는 당신을 위해 생각할 수 없네

당신은 결정해야만 할 거야

유다 이스가리옷도

제 편에 하나님을 가지고 있었는지를

그래서 나는 이제 떠나네

나는 너무나 지쳤어

나는 혼란을 느끼고 있어

어떤 혀도 말할 수 없지

말들은 내 머리를 채우고

그리고 바닥에 쓰러져

만일 하나님이 우리 편이라면

그분은 다음 전쟁을 멈추게 하실 거야

　　　　-〈하나님은 우리 편 With God on Our Side〉 부분

　사실 1)군의 인물들과 관련하여 딜런에게 가장 큰 공포로 다가오는 것은 억압과 착취보다 전쟁이다. 1)군의 인물들은 학교나 교회 같은 '이데올로기적 국가장치(Ideological State Apparatus)'가 제대로 가동되지 않을 때, 군대와 경찰 같은 '억압적 국가장치(Repressive State Apparatus)'들을 동원한다.[8] 그것은 수많은 학살과 전쟁의 역사를 생산해왔다. 수많은 딜런의 노래들이 바로 1)군의 인물들이 수천 년의 역사를 통해 자행해온 전쟁의 광기에 대한 두려움과 비판을 담고 있다. 세 번째 앨범 《시대는 변하고 있다 The Times They Are A-Changin'》(1964)의 세 번째 트랙에 실려 있는 이 노래 역시 전쟁에 대한 내러티브이다. 이 노래는 순서대로 신대륙에서의 인디언 학살, 미국-스페인 전쟁, 남북 전쟁, 제1차 세계 대전, 제2차 세계 대전, 제3차 세계 대전의 공포를 불러오

는 60년대의 냉전시대를 순서대로 언급하고 있다. 이 노래에서 딜런은 전쟁에서 승리한 '강한' 존재들에게 질문을 던진다. 인디언들을 학살한 미국인들은 신이 그들과 함께한다고 굳게 믿는다. 그래서 자신들이 승리했다고 믿는다. 그렇다면 육백만 명의 유대인들을 "오븐들에 넣어 튀겨" 죽인 독일인들도 신의 이름으로 용서받을 수 있는 것인가. 신은 단 한 번의 키스로 예수를 로마 군인들에게 팔아넘긴 유다와 함께했을까. 위 노래의 화자는 이런 질문으로 "너무나 지쳐" 있으며 "혼란"에 빠져 있다. 그럼에도 불구하고 그는 영혼의 피를 흘리며 "바닥에 쓰러져" 말한다. "만일 하나님이 우리 편이라면 그분은 다음 전쟁을 멈추게 하실 거야."

선의 궁극적 승리에 대한 딜런의 이런 생각은 과학적, 합리적 분석의 결과라기보다는 사실 믿음이고 신념에 가까운 것이다. 그는 그렇게 '믿고' 싶은 것이다. 이것은 그의 종교적 신념일 수도 있고, 모든 예술가들이 공유하고 있는 유토피아 욕망에서 기인하는 것일 수도 있다. 그러나 생각해보라. 만일 궁극적인 의미에서 선이 승리하지 않는다면, 최소한 그런 믿음조차 없다면, 우리는 현세를 어떻게 견딜 것인가. 프레드릭 제임슨은 다음과 같이 말한다. "역사는 우리에게 상처를 입히는 것이다(History is what hurts). 그것은 욕망을 거절하며 집단적 실천뿐만 아니라 개인적 실천에도 냉혹한 한계를 설정한다."[9] 제임슨은 덧붙인다. 그럼에도 불구하고 역사는 "불가피함(necessity)의 영역에서 자유(freedom)의 영역을 쟁취하려는 인류의 집단적 투쟁이다."[10] 딜런은 (불가피하게도) 궁핍과 폭력과 광기가 지배하는 현실에서 궁극적인 평화와 자유의 영역을 꿈꾼다. 아무도 그 목표를 버릴 수 없다.

제1장 난 단지 피 흘리고 있을 뿐: 밥 딜런에게 지속되고 있는 것들

1. Editors of Life, *Life Bob Dylan: Forever Young* (Lexington: Life Books, 2012), p.
   49. 이 기타는 나중에 경매를 통하여 무려 100만 불에 팔려 나갔다.

2. https://www.youtube.com/watch?v=UXbf7o8HGv0.

3. https://wtop.com/music/2015/07/the-night-dylan-went-electric-
   exactly-50-years-ago-video/slide/1/.

4. Robert Shelton, *No Direction Home: The Life and Music of Bob Dylan* (New
   York: Beech Tree Books, 1986), p. 267.

5. Clinton Heylin, *Revolution in the Air: The Songs of Bob Dylan*, 1957~1973
   (Chicago: Chicago Review Press, 2009), p. 1.

6. David Dalton, *Who Is That Man?: In Search of the Real Bob Dylan* (New York:
   Hachette Books, 2012), p. 108.

7. 여기에서 "툼스톤(Tombstone)"은 '묘비'가 아니라, 1881년에 그 유명

한 오케이 목장(O.K. Corral)의 결투가 일어났던 아리조나주의 유서깊은 도시 이름을 가리킨다. 딜런은 이 시에서 서로 연결이 안 되는 이질적인 인물들을 연결시켜 초현실적인 스토리를 만들어내고 있다. Philippe Margotin and Jean-Michael Guesdon, *Bob Dylan All the Songs: The Story Behind Every Track* (New York: Black Dog & Leventhal Publishers, 2015), p. 190. 참조.

8. 이하 모든 밥 딜런 노래의 가사들은 Bob Dylan, *Bob Dylan The Lyrics: 1961~2012* (New York: Simon & Shuster, 2016)에 수록된 것들을 필자가 번역한 것임.

9. Sean Wilentz, *Bob Dylan in America* (New York: Anchor Books), p. 66.

10. James S. Spiegel, "With God (and Socrates and Augustine) on Our Side," Peter Vernezze and Carl J. Porter, ed., *Bob Dylan and Philosophy* (Chicago: Open Court, 2006), p. 134.

11. *Ibid.*

12. Aaron Carnes, "A Simple Twist of Faith: Reconsidering Bob Dylan's "Christian Period,"" https://www.salon.com/2017/11/04/bob-dylan-christian-period/에서 재인용.

13. "Interview with Kurt Loder, Rolling Stone, June 21, 1984," Jonathan Cott, ed., *Bob Dylan: The Essential Interviews* (New York: Wenner Books, 2006), p. 288.

14. Aaron Carnes, "A Simple Twist of Faith: Reconsidering Bob Dylan's

"Christian Period,"" https://www.salon.com/2017/11/04/bob-dylan-christian-period/.

15. *Ibid.*

제2장 외로운 부랑자: 되기(becoming)의 예술적 주체

1. Mike Marqusee, *Wicked Messenger: Bob Dylan and the 1960s* (New York: Seven Stories Press, 2005), p. 9.

2. Bob Dylan, *Chronicles vol. 1* (New York: Simon & Schuster Paperbacks, 2005), pp. 7~8.

3. Robert Shelton, *No Direction Home: The Life and Music of Bob Dylan* (New York: Beech Tree Books, 1986), p. 52.

4. Mike Marqusee, *Chimes of Freedom: The Politics of Bob Dylan's Art* (New York: The New Press, 2003), p. 156.

5. "Interview with Robert Hilburn, The Los Angeles Times, April 4, 2004," in Jonathan Cott, ed., *Bob Dylan: The Essential Interview* (New York: Wenner Books, 2006), p. 430.

6. Mike Marqusee, *Wicked Messenger: Bob Dylan and the 1960s* (New York: Seven Stories Press, 2005), p. 97.

7. Jonathan Cott, *Bob Dylan: The Essential Interview*, p. 432.

8. Mike Marqusee, *Chimes of Freedom: The Politics of Bob Dylan's Art*, p.74.

9. https://www.nobelprize.org/nobel_prizes/literature/laureates/2016/dylan-

lecture.html.

10. *Ibid.*

11. Ben Giamo, "Bob Dylan's Protean Style," in Eugen Banauch, ed., *Refractions of Bob Dylan* (Manchester: Manchester Univ. Press, 2015), p. 69.

12. Benjamin Hedin, ed., Studio A: The Bob Dylan Reader (New York: Norton, 2004), p. 236. Peter Vernezze and Carl J. Porter, ""I Got My Bob Dylan Mask On": Bob Dylan and Personal Identity," Peter Vernezze and Carl J. Porter, ed., *Bob Dylan and the Philosophy* (Chicago: Open Court, 2006) p. 132에서 재인용.

제3장 안녕 또 안녕: 생산자로서의 예술가

1. Mar Horkheimer, *Critical Theory: Selected Essays.* trans., Matthew J. O' Connel (New York: Herder and Herder, 1972), p. 275.

2. 1923년 독일 프랑크푸르트에 설립된 "사회연구소(the Institute of Social Research)"를 중심으로 형성된 사회이론, 철학이론, 문화이론을 지칭한다. 주요 멤버들은 호르크하이머(Max Horkheimer), 아도르노(Theodor W. Adorno), 마르쿠제(Herbert Marcuse), 벤야민(Walter Benjamin) 등이었으며, 이들은 칸트, 헤겔, 마르크스, 프로이트, 루카치(Georg Lukács) 등의 사상과 이론을 기반으로 파시즘과 현대 자본주의 사회를 '비판적'으로 분석하였다. 이들의 이론은 프랑크푸르트학파라는 이름 대신 "비판이론

(Crititical Theory)"이라 불리기도 한다.

3. 프랑크푸르트 학파에게 있어서 "부정적(negative)"이라는 말은 사실상 "비판적(critical)"이라는 말과 동의어이다.

4. Horkheimer and Theodor Adorno, *Dialectic of Enlightenment*, trans. Edmund Jephcott, (New York: Herder and Herder, 1969), p. 121.

5. Walter Benjamin, "The Work of Art in the Age of Its Technological Reproducibility" in *Walter Benjamin: Selected Writings*, vol. 4, 1938–1940, ed. Howard Eiland and Michael W. Jennings, trans. Edmund Jephcott (Cambridge, MA: Belknap Press, 2006), p. 257.

6. *Ibid*, p. 710.

7. 상징적인 의미에서 말하자면, 2017년 11월 12일, CBC NEWS에 의하면 한 기타 수리공이 1977년에 딜런에게 500불에 산 어쿠스틱 기타가 경매에서 미화 $39만 6,500에 팔렸다. 딜런은 그 자체 엄청난 상품이다. http://www.cbc.ca/news/entertainment/bob-dylan-guitar-auction-1.4399465.

8. Ralph J. Gleason, "The Children's Crusade," in Craig McGregor, ed., *Bob Dylan: A Retrospective* (New York: Morrow, 1972), p. 185. Theodore Gracyk, "When I Paint My Masterpiece: What Sort of Artist Is Bob Dylan?," in Peter Vernezze and Carl J. Porter, ed., *Bob Dylan and Philosophy* (Chicago: Open Court, 2006), p. 169에서 재인용.

9. Andrew McCarron, *Light Come Shining: The Transformations of Bob Dylan*

(New York: Oxford Univ. Press, 2017), p. 162.

10. Bertolt Brecht, "Popularity and Realism," in E. Bloch and other, *Aesthetics and Politics* (London: NLB, 1973), p. 82.

11. "Interview with Jon Pareles, The New York Times, September 28, 1997," ed., Jonathan Cott, *Bob Dylan: The Essential Interviews* (New York: Wenner Books, 2006), p. 396. 여기에서 딜런이 언급하고 있는 노래들과 가수는 주로 컨트리 가스펠 분야와 관련되어 있다.

12. Bob Dylan, *Chronicles vol. 1* (New York: Simon & Schuster Paperbacks, 2005), p. 32.

13. *Ibid.*, p. 34.

14. David Dalton, *Who Is That Man?: In Search of the Real Bob Dylan* (New York: Hachette Books, 2012), p. 7. 당시에 딜런이 듣고 몰입했던 〈물가에서 너무 멀리 떠내려왔어〉는 컨트리 풍의 가스펠이다.

15. https://www.nobelprize.org/nobel_prizes/literature/laureates/2016/dylan-lecture.html.

16. 거스리의 이 노래는 원래 노동가요 모음집인 《《투쟁 *Struggle*》》(1976, 1990)에 처음 실렸던 곡으로, 1913년 크리스마스이브에 미국 미시건주의 한 구리광산에서 파업 중이던 광부들과 그 가족들에게 닥쳤던 재난을 다룬 곡이다.

17. '포크 송'의 원래 의미는 '민요'이다.

18. R. Roberts, "Joni Mitchell on Bob Dylan: He's a plagiarist, and his

name and voice are fake," Pop and HIts: The L. A. Times Music Blog (22 April, 2010), Stephen Scobie, "Plagiarism, Bob, Jean-Luc and me," in Eugen Banauch ed., *Refractions of Bob Dylan* (Manchester: Manchester Univ. Press, 2015), p. 189에서 재인용.

19. Stephen Scobie, "Plagiarism, Bob, Jean-Luc and me," *Ibid.*, pp. 190~191.

20. *Ibid.*, p. 192.

21. *Ibid.*

22. 로버트 앤스테이(Robert G. Anstey)는 딜런을 "Tunesmith"라고 부른다. 이 단어는 일반적으로 대중음악 작곡가를 호칭하는 말이지만, 원뜻은 '곡조(曲調, 가락)를 제조하는 대장장이(장인)'이라는 뜻이다. Robert G. Anstey, *Bod Dylan Gypsy Troubadour: Notes And Comments On The Life And Career Of America's Premier Tunesmith* (British Columbia: West Coast Paradise Publishing, 2002) 참조.

23. 영화 《〈나는 거기에 없네 I'm Not There〉》(2009)에서 이 영화의 감독 토드 헤인즈(Todd Haynes)는 다음과 같이 말한다. "당신이 딜런을 잡으려는 순간, 그는 더 이상 그곳에 없다. 그는 불꽃같다. 당신의 손이 그를 잡으려 하면, 당신의 손은 화상을 입을 것이다. 변화와 끊임없는 사라짐들과 끊임없는 변신들 때문에 당신들은 그를 잡아 못 박고 싶어 안달이다." Andrew McCarron, *Light Come Shining: The Transformations of Bob Dylan* (New York: Oxford Univ. Press, 2017), p. 3.

제4장 연속된 꿈들: 사회적 상징 행위로서의 내러티브

1. Fredric Jameson, *The Political Unconscious: Narrative as a Socially Symbolic Act* (Ithaca: Cornell Univ. Press, 1981), p. 13.

2. Fredric Jameson, "Symbolic Inference: or, Kennenth Burke and Ideological Analysis," in *Ideologies of Theory* (Minneapolis: Univ. of Minnesota Press, 1988), vol. I, p. 140.

3. Fredric Jameson, *The Political Unconscious: Narrative as a Socially Symbolic Act* (Ithaca: Cornell Univ. Press, 1981), p. 13.

4. William C. Dowling, *Jameson, Althusser, Marx: An Introduction to the Political Unconscious* (London: Methuen, 1984), p. 95.

5. Bob Dylan, *The Lyrics 1961~2012* (New York: Simon & Schuster, 2016).

6. 실제로 1960~1970년대에 뉴욕 북부 브롱크스(Bronx) 지역에 "로마의 왕들(Roman kings)"이라는 닉네임을 가진 갱단이 있었다고 전해진다. 따라서 이 노래는 갱단으로 상징되는 폭력적 집단에 대한 고발이라고 읽을 수도 있다. Philippe Margotin & Jean-Michel Guesdon, *Bob Dylan All the Songs: The Story Behind Every Track* (New York: Black Dog & Leventhal Publishers, 2015), p. 688.

7. *Ibid.*, p. 518 참조.

8. '이데올로기적 국가장치'와 '억압적 국가장치'는 루이 알튀세(Louis Althusser)의 용어임.

9. Fredric Jameson, *The Political Unconscious: Narrative as a Socially Symbolic Act*

(Ithaca: Cornell Univ. Press, 1981), p. 101.

10. *Ibid.*, 19.

참고문헌

Anstey, Robert G. *Bob Dylan Gypsy Troubadour : Notes and Comments on The Life and Career of America's Premier Tunesmith* (British Columbia: West Coast Paradise Publishing, 2002).

Banauch, Eugen. ed. *Refractions of Bob Dylan: Cultural Appropriations of an American Icon* (Manchester: Manchester Univ. Press, 2015).

Beck, Tony. *Understanding Bob Dylan: Making Sense of the Songs That Changed Modern Music* (North Charleston: CreateSpace, 2015).

Bell, Ian. *Time Out of Mind: The Lives of Bob Dylan* (New York: Pegasus Books, 2013).

_____, *Once Upon a Time: The Lives of Bob Dylan* (New York: Pegasus Books, 2014).

Benjamin, Walter. *Walter Benjamin: Selected Writings*, vol. 4, 1938~1940, ed. Howard Eiland and Michael W. Jennings, trans. Edmund Jephcott.

(Cambridge, MA: Belknap Press, 2006).

Benson, Carl. ed. *The Bob Dylan Companion: Four Decades of Commentary* (New York: Schirmer Books, 1998).

Bream, Jon. *Dylan Disc by Disc* (Minneapolis: Voyageur Press, 2015).

Cott, Jonathan. *Bob Dylan: The Essential Interviews* (New York: Wenner Books, 2001).

Dalton, David. *Who Is That Man? In Search of the Real Bob Dylan* (New York: Hachette Books, 2016).

Dowling, William C.. *Jameson, Althusser, Marx: An Introduction to the Political Unconscious* (London: Methuen, 1984).

Dylan, Bob. *Tarantula* (New York: Scribner, 1994).

_____. *Chronicles vol.1* (New York: Simon & Schuster, 2004).

_____. *Bob Dylan: Face Value* (London: National Portrait Gallery Publications, 2013).

_____. *The Lyrics 1961~2012* (New York: Simon & Schuster, 2016).

Gray, Michael. *The Bob Dylan Encyclopedia* (New York: Continuum, 2006).

Heylin, Clinton. *Bob Dylan: Behind the Shades Revisited* (New York: HarperCollins, 2001).

_____. *Revolution In The Air: The Songs of Bob Dylan, 1957~1973* (Chicago: Chicago Review Press, 2009)

Horkheimer, Max. *Critical Theory: Selected Essays*, trans. Matthew J.

O'Connell(New York: Herder and Herder, 1972).

Horkheimer, Max. and Adorno, Theodor. *Dialectic of Enlightenment*, trans. Edmund Jephcott (New York: Herder and Herder, 1969).

Jameson, Fredric. *The Political Unconscious:Narrative as a Socially Symbolic Act* (Ithaca: Cornell Univ. Press, 1981).

_____. "Symbolic Inference: or, Kennenth Burke and Ideological Analysis," in *Ideologies of Theory* (Minneapolis: Univ. of Minnesota Press, 1988). vol. I.

Mackay, Kathleen. *Bob Dylan:Intimate Insights From Friends And Fellow Musicians* (London: Omnibus Press, 2007).

Marcus, Greil. *Bob Dylan By Greil Marcus:Writings 1968~2010* (New York: Publicaffairs, 2010).

Margotin, Philippe & Guesdon, Jean-Michel. *Bob Dylan All the Songs:The Story Behind Every Track* (New York: Black Dog & Leventhal Publishers, 2015).

Maymudes, Victor. *Another Side of Bob Dylan:A Personal History on The Road and off the Tracks* (New York: St. Martin's Press, 2014).

McCarron, Andrew. *Light Come Shining:The Transformations of Bob Dylan* (New York: Oxford Univ. Press, 2017).

McDougal, Dennis. *Dylan:The Biography* (Nashville: Turner Publishing Company, 2014).

Pickering, Stephen. *Bob Dylan Approximately:A Portrait of the Jewish Poet in Search of God* (New York: David McKay Company, 1975).

Ricks, Christopher. *Dylan's Visions of Sin* (New York: HarperCollins, 2003).

Shain, Britta Lee. *Seeing the Real You at Last: Life and Love on the Road with Bob Dylan* (London: Jawbone Press, 2016).

Shelton, Robert. *No Direction Home: The Life and Music of Bob Dylan* (New York: Beech Tree Books, 1986).

Smith, Larry David. *Writing Dylan: The Songs of a Lonesome Traveler* (Westport: Praeger, 2005).

The Editors of Life. *Life Bob Dylan* (Lexington: Life, 2016).

Vernezze, Peter and Porter, Carl J. ed. *Bob Dylan and Philosophy* (Chicago: Open Court, 2006).

Wald, Elijah. *Dylan Goes Electric!* (New York: HarperCollins, 2015).

Wilentz, Sean. *Bob Dylan in America* (New York: Anchor Books, 2011).

프랑스엔 〈크세주〉, 일본엔 〈이와나미 문고〉, 한국에는 〈살림지식총서〉가 있습니다.

밥 딜런 그의 나라에는 누가 사는가

펴낸날	초판 1쇄 2018년 5월 23일

지은이	오민석
펴낸이	심만수
펴낸곳	(주)살림출판사
출판등록	1989년 11월 1일 제9-210호

주소	경기도 파주시 광인사길 30
전화	031-955-1350 팩스 031-624-1356
홈페이지	http://www.sallimbooks.com
이메일	book@sallimbooks.com

ISBN	978-89-522-3932-7 04080
	978-89-522-0096-9 04080 (세트)

※ 값은 뒤표지에 있습니다.
※ 잘못 만들어진 책은 구입하신 서점에서 바꾸어 드립니다.

이 도서의 국립중앙도서관 출판시도서목록(CIP)은 서지정보유통지원시스템 홈페이지
(http://seoji.nl.go.kr)와 국가자료공동목록시스템(http://www.nl.go.kr/kolisnet)에서
이용하실 수 있습니다.(CIP제어번호: CIP2018013343)

책임편집·교정교열 **최문용**

054 재즈

eBook

최규용(재즈평론가)

즉흥연주의 대명사, 재즈의 종류와 그 변천사를 한눈에 알 수 있도록 소개한 책. 재즈만이 가지고 있는 매력과 음악을 소개한다. 특히 초기부터 현재까지 재즈의 사조에 따라 변화한 즉흥연주를 중심으로 풍부한 비유를 동원하여 서술했기 때문에 재즈의 역사와 다양한 사조의 특징을 쉽게 이해할 수 있다.

255 비틀스

eBook

고영탁(대중음악평론가)

음악 하나로 세상을 정복한 불세출의 록 밴드. 20세기에 가장 큰 충격과 영향을 준 스타 중의 스타! 비틀스는 사람들에게 꿈을 주었고, 많은 젊은이들의 인생을 바꾸었다. 그래서인지 해체한 지 40년이 넘은 지금도 그들은 지구촌 음악팬들의 많은 사랑을 받고 있다. 비틀스의 성장과 발전 모습은 어떠했나? 또 그러한 변동과정은 비틀스 자신들에게 어떤 의미였나?

422 롤링 스톤즈

eBook

김기범(영상 및 정보 기술원)

전설의 록 밴드 '롤링 스톤즈'. 그들의 몸짓 하나하나는 우리가 생각하는 것보다 훨씬 더 탁월한 수준의 음악적 깊이, 전통과 핵심에 충실하려고 애쓴 몸부림의 흔적들이 존재한다. 저자는 '롤링 스톤즈'가 50년 동안 추구해 온 '진짜'의 실체에 다가가기 위해 애쓴다. 결성 50주년을 맞은 지금도 구르기(rolling)를 계속하게 하는 힘. 이 책은 그 '힘'에 관한 이야기다.

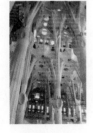

127 안토니 가우디 아름다움을 건축한 수도사

eBook

손세관(중앙대 건축공학과 교수)

스페인의 세계적인 건축가 가우디의 삶과 건축세계를 소개하는 책. 어느 양식에도 속할 수 없는 독특한 건축세계를 구축하고 자연과 너무나 닮아 있는 건축가 가우디. 이 책은 우리에게 건축물의 설계가 아닌, 아름다움 자체를 건축한 한 명의 수도자를 만나게 해준다.

131 안도 다다오 _{건축의 누드작가}

eBook

임재진(홍익대 건축공학과 교수)

일본이 낳은 불세출의 건축가 안도 다다오! 프로복서와 고졸학력, 독학으로 최고의 건축가 반열에 오른 그의 삶과 건축, 건축철학에 대해 다뤘다. 미를 창조하는 시인, 인간을 감동시키는 휴머니즘, 동양사상과 서양사상의 가치를 조화롭게 빚어낼 줄 아는 건축가 등 그를 따라다니는 수식어의 연원을 밝혀 본다.

207 한옥

eBook

박명덕(동양공전 건축학과 교수)

한옥의 효율성과 과학성을 면밀히 연구하고 있는 책. 한옥은 주위의 경관요소를 거르지 않는 곳에 짓되 그곳에서 나오는 재료를 사용하여 그곳의 지세에 맞도록 지었다. 저자는 한옥에서 대들보나 서까래를 쓸 때에도 인공을 가하지 않는 재료를 사용하여 언뜻 보기에는 완결미가 부족한 듯하지만 실제는 그 이상의 치밀함이 들어 있다고 말한다.

114 그리스 미술 이야기

eBook

노성두(이화여대 책임연구원)

서양 미술의 기원을 추적하다 보면 반드시 도달하게 되는 출발점인 그리스의 미술. 이 책은 바로 우리 시대의 탁월한 이야기꾼인 미술사학자 노성두가 그리스 미술에 얽힌 다양한 이야기를 재미있게 풀어놓은 이야기보따리이다. 미술의 사회적 배경과 이론적 뿌리를 더듬어 감상과 해석의 실마리에 접근하는 또 다른 시각을 제공하는 책.

382 이슬람 예술

eBook

전완경(부산외대 아랍어과 교수)

이슬람 예술은 중국을 제외하고 가장 긴 역사를 지닌 전 세계에 가장 널리 분포된 예술이 세계적인 예술이다. 이 책은 이슬람 예술을 장르별, 시대별로 다룬 입문서로 이슬람 문명의 기반이 된 페르시아 · 지중해 · 인도 · 중국 등의 문명과 이슬람교가 융합하여 미술, 건축, 음악이라는 분야에서 어떻게 표현되었는지 설명한다.

417 20세기의 위대한 지휘자 `eBook`

김문경(번리사)

뜨거운 삶과 음악을 동시에 끌어안았던 위대한 지휘자들 중 스무 명을 엄선해 그들의 음악관과 스타일, 성장과정을 재조명한 책. 전문 음악칼럼니스트인 저자의 추천음반이 함께 수록되어 있어 클래식 길잡이로서의 역할도 톡톡히 한다. 특히 각 지휘자들의 감각 있고 개성 있는 해석 스타일을 묘사한 부분은 이 책의 백미다.

164 영화음악 불멸의 사운드트랙 이야기 `eBook`

박신영(프리랜서 작가)

영화음악 감상에 필요한 기초 지식, 불멸의 영화음악, 자신만의 세계를 인정받는 영화음악인들에 대한 이야기를 담았다. 〈시네마천국〉〈사운드 오브 뮤직〉 같은 고전은 물론, 〈아멜리에〉〈봄날은 간다〉〈카우보이 비밥〉 등 숨겨진 보석 같은 영화음악도 소개한다. 조성우, 엔니오 모리꼬네, 대니 앨프먼 등 거장들의 음악세계도 엿볼 수 있다.

440 발레 `eBook`

김도윤(프리랜서 통번역가)

〈로미오와 줄리엣〉과 〈잠자는 숲속의 미녀〉는 발레 무대에 흔히 오르는 작품 중 하나다. 그런데 왜 '발레'라는 장르만 생소하게 느껴지는 것일까? 저자는 그 배경에 '고급예술'이라는 오해, 난해한 공연 장르라는 선입견이 존재한다고 지적한다. 저자는 일단 발레라는 예술 장르가 주는 감동의 깊이를 경험하기 위해 문 밖을 나서길 원한다.

194 미야자키 하야오 `eBook`

김윤아(건국대 강사)

미야자키 하야오의 최근 대표작을 통해 일본의 신화와 그 이면을 소개한 책. 〈원령공주〉〈센과 치히로의 행방불명〉〈하울의 움직이는 성〉이 사랑받은 이유는 이 작품들이 가장 보편적이면서도 가장 일본적인 신화이기 때문이다. 신화의 세계를 미야자키 하야오의 작품과 다양한 측면으로 연결시키면서 그의 작품세계의 특성을 밝힌다.

eBook 표시가 되어있는 도서는 전자책으로 구매가 가능합니다.

㈜살림출판사

www.sallimbooks.com

주소 경기도 파주시 문발동 522-1 | 전화 031-955-1350 | 팩스 031-955-1355